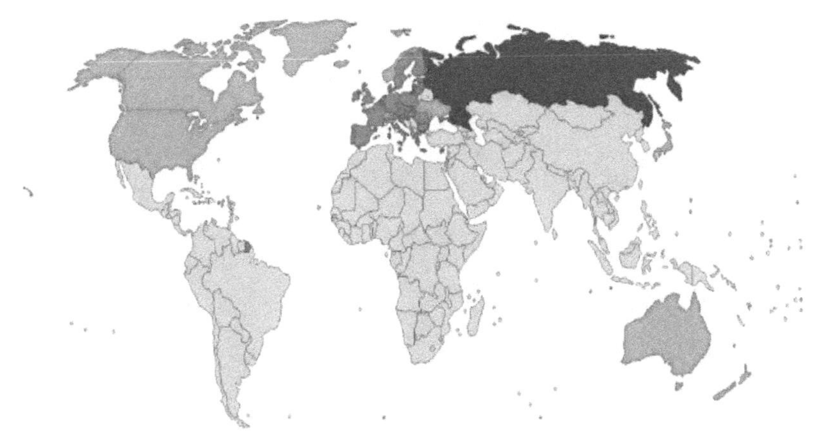

L'ULTIMO GIRO DI GIOSTRA
Verso un Mondo Multipolare

Andrea Snaidero

L'ULTIMO GIRO DI GIOSTRA
Verso un Mondo Multipolare

Andrea Snaidero

*Dottore in Scienze Politiche
Laureato c/o l'Università Statale
Carlo BO di Urbino.
Attualmente iscritto alla L.M. in
Diplomazia e Cooperazione Internazionale
c/o l'Università Statale di Trieste.
Autore del manoscritto sottoindicato:*

L'ULTIMO GIRO DI GIOSTRA
Verso un Mondo Multipolare

L'ULTIMO GIRO DI GIOSTRA
Verso un Mondo Multipolare

L'ULTIMO GIRO DI GIOSTRA
Verso un Mondo Multipolare

Questo libro è dedicato

A Serinella,

mia fondamentale compagna di Vita

grazie che ci sei

per la comprensione, la condivisione,

i momenti anche complessi

vissuti assieme ma sempre utili

per diventare migliori

A mio figlio Luca,

ricordati sempre che la Vita

è il frutto delle nostre azioni e

non devi mai abbandonare le tue passioni

Papà Andrea

A mio padre e mia madre,

per essermi stati sempre vicini in tutti questi anni

grazie di cuore

A Igor Pellicciari

Docente c/o l'Università degli Studi di Urbino Carlo Bo

Lo ringrazio per avermi fatto scoprire la Geopolitica

e l'importanza delle Relazioni Internazionali

"Mosca non potrà mai accettare che l'Ucraina divenga un membro della NATO (e cioè uno Stato virtualmente ostile ai suoi interessi strategici) né tollerare che le sue prerogative sulla Crimea non le siano formalmente garantite, anche dall'Occidente nel suo complesso, in virtù di un chiaro e indiscutibile accordo internazionale".

Henry Kissinger, 05 Marzo 2014

"Oggi è necessario mettere un freno all'isteria, rifiutare la retorica della guerra fredda e accettare, come un fatto ovvio che la Russia è un protagonista indipendente, attivo, sovrano, nella dinamica internazionale. Come tutti gli altri paesi, essa ha i propri e peculiari interessi che devono essere tenuti nel debito conto e rigorosamente rispettati. Gli Stati uniti e l'Europa occidentale agiscono a loro piacimento. In tutto il mondo usano la forza delle armi contro stati sovrani e costituiscono alleanze basate sul principio: "Se Voi non siete con Noi, siete contro di Noi" Per legittimare la loro politica aggressiva, essi costringono le organizzazioni internazionali a emettere risoluzioni che ne giustifichino le azioni, ma se queste non agiscono in loro favore, essi semplicemente ignorano le decisioni del Consiglio di Sicurezza dell'ONU e l'ONU in generale."

Vladimir Putin, 18 Marzo 2014

INDICE

Introduzione

Questo libro si prefigge l'obiettivo di coinvolgere lettrici e lettori nel percorso della guerra in Ucraina dedicando alla Russia di Vladimir Putin lo spazio necessario per comprenderne i reali contesti della guerra in corso e le concatenate conseguenze che la stessa sta provocando in termini geopolitici e geoeconomici ai fini globali. Uno degli esempi di guerra economica viene nobilmente rappresentato dalle sanzioni politiche afflitte alla Russia. Elementi che in questo racconto saranno menzionati spesso in quanto rappresentano le interazioni di diversi attori mondiali. Nel libro verranno sviscerati, in particolare, i primi otto pacchetti sanzionatori attivati dall'UE nel 2022 in collaborazione con gli Stati Uniti d'America.

Stiamo vivendo un periodo di grande cambiamento degli assetti. Lo stesso attacco di Hamas del 07.10.2023 contro lo Stato d'Israele è un evento terroristico estremo a mio avviso contiguo a quanto avvenuto il 24. 02. 2022. contro Kiev. La Russia in realtà si sta giocando la battaglia più importante, ovvero quella della sopravvivenza con l'intento, come vedremo, di alterare il contesto internazionale modificandone realmente alcuni equilibri assodati. Non è più sufficiente la concorrenza e la competizione economica e politica come avvenuto nella storia recente. Solamente attraverso una guerra planetaria ben strutturata si riuscirà nuovamente a pianificare e rimodulare gli equilibri mondiali.

Serve e servirà un enorme impiego di forze militari ed economiche che mirino alla nuova strategia per i nuovi asset mondiali. La contrarietà al concetto di unipolarismo americano, la resistenza al dominio monetario in termini universali del Dollaro hanno portato la Russia, la Cina, l'Africa e una ampia fetta di paesi non collegati all'Occidente ad introdurre un freno al processo di globalizzazione ed universalismo culturale che gli USA hanno cercato di esportare in diverse regioni del mondo. Lo stesso colpo di stato in Niger, avvenuto nell'estate del 2023, potrebbe essere incluso in questo schema di riorganizzazione globale. Certamente le conseguenze sono collegate alla sofferenza economica prolungata della popolazione del Niger ed inoltre la costante presenza nel paese dei miliziani Jihadisti. La mia sensazione è che ci troviamo davanti a focolai di guerra sparsi che posseggono in comune lo stesso minimo comun denominatore. Questa osservazione mi giunge spontanea proprio in funzione delle similitudini degli eventi, la loro progressione ma nel particolare gli obiettivi comuni che mirano inevitabilmente ad indebolire il dominio dell'Occidente nel mondo. Spesso e volentieri riconduco il mio pensiero all'11 settembre 2001 come la prima data utile riconducibile al processo di trasformazione geopolitica e geoeconomica del pianeta. Per quanto mi riguarda non posso avere certezze sul gioco strategico che si sta realmente concretizzando. L'interesse primo sta nel tentare di unire tra loro alcuni tasselli strategici partendo dal presupposto che la Federazione Russa non ha agito contro Kiev per essere inglobata da Pechino, ma al contrario, ha utilizzato l'ultima carta a sua disposizione per riacquisire una diversa e nuova centralità in termini geopolitici e geoeconomici dopo il fallimento della mancata integrazione commerciale e militare con la NATO e con la stessa Unione Europea. Non aspettatevi dal presente elaborato una conclamata condanna alla Russia, visto e considerato che a seguito di tutti i documenti da me letti mi sono fatto una idea precisa nel merito. Il problema dell'Ucraina è occidentale non russo. La Russia ha legittimamente reagito ad una ipotetica invasione nell'area di sua influenza da parte della NATO. Chi sostiene la versione opposta e in malafede e lo fa semplicemente per portare a sé la maggioranza della cittadinanza occidentale che ha bisogno di sapere di aver vinto da qualche parte. E più che evidente che le ultime notizie provenienti dal fronte ucraino a fine 2023 rappresentano una parabola leggermente diversa. Una parabola che molto probabilmente vedrà la Russia in vantaggio almeno sul fronte terrestre. Su quello marittimo la trama potrebbe essere differente per ragioni legate alle forniture e all'addestramento dei militari ucraini da parte della Nato. Inoltre bisogna chiedersi perché gli americani, a guerra fredda conclusa, continuano a contrastare la Russia? Nel testo sarà mia cura cercare di fornire qualche ragionevole risposta.

CAPITOLO PRIMO

I Greci

L'Occidente nasce 2500 anni fa in Grecia, plasmando la nostra millenaria cultura fino ad arrivare a noi. Potremmo dire tranquillamente che la nostra civiltà esiste proprio grazie alle vicissitudini avvenute nella Magna Grecia. I Greci antichi furono i primi ad intendere la politica come azione partecipata per la gestione della Polis e della cosa pubblica. Essi costituiscono tutti gli strumenti al fine di creare il dibattito tra gruppi contrapposti. Inventarono la democrazia, la storia come disciplina, la filosofia, l'arte drammatica, e in generale la letteratura come celebrazione critica politico-sociale.[1] Inventarono l'estetica, la cultura del bello così diffusa nell'Occidente contemporaneo. In Grecia la bellezza fisica veniva intesa come specchio dell'anima di un greco e fu un ulteriore modalità di distinzione verso gli altri. Tutte queste caratteristiche non furono più riscontrate nelle epoche successive. La messa a morte di Socrate ne è la testimonianza. Il grande filosofo e pensatore con le sue teorie intente ad estrapolare la verità in ogni uomo, ad Atene presso le istituzioni locali, venivano vissute come una minaccia all'ordine valoriale della Polis, aggiungendo però che il fermento filosofico nella culla ateniese non poteva fermarsi. Fu Platone a fondare la prima vera scuola di filosofia proprio

---

[1] Grandangolo. Pericle e la Grecia Classica; Corriere della Sera. p. 16

nella città ellenica. La democrazia ateniese fu un esperimento senza precedenti[2] e unico nella storia antica. I paesi occidentali dovettero attendere ben 2200 anni per ritornare a misurarsi con nuove forme democratiche. Per la prima volta nella storia dell'umanità semplici cittadini venivano coinvolti direttamente nella gestione governativa della propria città, per la prima volta gli stessi cittadini potevano fare i giudici nei tribunali[3], potevano discutere dei temi sociali e del futuro della città. In riferimento ai processi, per evitare la corruzione dei giudici i greci inventarono il sorteggio come strumento di straordinaria efficacia per il controllo e soprattutto per fornire eguaglianza di giudizio davanti alla legge. Inoltre, i più potrebbero pensare che la provenienza delle sanzioni politiche sono azioni restrittive moderne di natura principalmente economica esercitate da alcuni paesi del nostro tempo verso altri. Nulla di più falso come testimoniato dalla storia della Polis di Atene nelle sue antiche "azioni restrittive" verso Megara introducendo, per ragioni imperialistiche, la prima forma di embargo sanzionatorio nella storia della nascente civiltà occidentale. La Magna Grecia dunque continua a sorprendere gli appassionati di storia, gli studiosi della politica come lo scrivente e tutti coloro che ritengono doveroso comprendere gli attuali sistemi politici vigenti nel nostro mondo contemporaneo. L'antica Grecia resta ancora oggi il più grande esperimento politico e culturale per le successive

---

[2] Grandangolo. Pericle e la Grecia Classica; Corriere della Sera p.18
[3] Grandangolo. Pericle e la Grecia Classica; Corriere della Sera p.18

evoluzioni nei secoli a seguire. Il decreto di Megara risulterà come la prima formula sanzionatoria esistita nel nostro mondo e sarà doveroso comprenderne le origini e le motivazioni. Comprendere la storia aiuta gli uomini a ragionare sul proprio presente e, se possibile, ad evitare il ripetersi di errori che possono ripercuotersi sulla nostra esistenza. A seguito delle vittorie ottenute nelle guerre persiane conclusesi nel 479 a. C; l'antica Grecia assume una conformazione bipartita:

a)   LEGA PELOPONNESIACA (guidata da Sparta)
b)   LEGA DELIOATTICA (guidata da Atene)

Era l'inizio della confederazione marittima[4] sotto il dominio da parte della Polis di Atene. La Magna Grecia era composta proprio dalle Polis ovvero Città Stato autonome con regimi politici indipendenti con una autonomia politica e amministrativa propria. Il contesto dell'epoca testimonia una nuova egemonia ateniese sia sul dominio dei mari sia su un nuovo espansionismo commerciale e, nei fatti, economico e culturale. La vicenda umana è caratterizzata dal desiderio di imperialismo e si concretizza, per la prima volta, proprio ad Atene diversi secoli prima dell'arrivo di Cristo. Atene dimostra di essere in grado di dominare terre e mari al di fuori del proprio perimetro d'influenza. Lo splendore ateniese coincise con la Pentecontaetia, riferibile a quel periodo storico di relativa tranquillità, durata circa un

---

[4] Matteo Cartechini. Storica, National Geographic. Articolo del 09/03/2022

cinquantennio che si incastra tra il 479 a C. e il 431 a C. Il 431 a C. segnò l'inizio della guerra del Peloponneso a causa della crescita parallela di due potenze diverse ed in netto contrasto sul piano politico e militare. Sparta da una parte e Atene dall'altra. Nel 432 a C. veniva infatti deliberato il decreto di Megara che viene reputato come uno degli elementi scatenanti della guerra del Peloponneso. Quest'ultimo è l'atto politico con il quale Pericle sanzionò gli abitanti ed i commercianti megaresi escludendoli dal mercato ateniese ed imponendo anche ai suoi alleati di non commerciare con Megara. Con il decreto, la suddetta, isola dovette fronteggiare una rilevante crisi economica. La Polis dista circa cinquanta chilometri da Atene ma all'epoca faceva parte dell'Istmo di Corinto. Megara aderì alla confederazione spartana nel 519 a. C. per uscirne tra il 461 e 459 a. C. a causa di ripetuti scontri con Corinto.[5] Successivamente Megara entra a far parte della Lega Ateniese. Anche questo spostamento di assetto politico e strategico fu una delle cause che portò alla prima guerra del Peloponneso (460-445 a.C.), con la successiva pace dei trent'anni ove Megara ritornò sotto la sfera d'influenza di Sparta. La Battaglia delle Arginuse venne infatti combattuta nel 406 a. C, presso le Isole portatrici dello stesso nome (Arginuse). Ad est dell'isola di Lesbo vi fu una vittoria navale ateniese decisiva ai fini imperiali ottenuta contro la rivale flotta spartana. Con questa vittoria gli ateniesi decisero di impedire ai megaresi di

---

[5] Matteo Cartechini. Storica, National Geographic. Articolo del 09/03/2022

utilizzare i porti ateniesi[6] e di commerciare con l'impero. Si diede il via all'attuazione del decreto di Megara. Questa decisione restrittiva comportò alla Polis una dura carestia alimentare. I megaresi chiesero diverse volte di sospendere il decreto sanzionatorio ma Atene non recepiva le richieste. Diversi esponenti dell'epoca ritenevano che queste decisioni, così arbitrarie contro l'isola, sono a loro avviso, l'elemento scatenante della guerra del Peloponneso. Aristofane scrisse una commedia in riferimento ai fatti sopra menzionati. Al di là della scontata ironia, caratteristica principale della commedia, emerge nel racconto la grande difficoltà economica e sociale dei megaresi colpiti dalle sanzioni imposte dalla non così lontana Atene. Le sanzioni ateniesi contro Megara, come visto, comportarono miseria e carestia per una ragione quasi ovvia se valutata in riferimento al contesto storico con annesse le motivazioni vere della scelta di Pericle impedendo le pratiche di scambio commerciale su tutti i porti delle isole sotto la propria influenza politico-amministrativa. In sostanza ogni operazione commerciale che poteva avere una forma di connessione con Atene veniva esclusa. Questo contesto negativo comportò alla Polis una depressione economica molto marcata. Le ragioni di queste sanzioni sono affidate a ipotetiche violazioni di natura religiosa almeno in facciata. La verità però regna inevitabilmente altrove. Atene teme di essere attaccata ed invasa da eserciti di provenienza non definita o quanto meno

---

[6] Matteo Cartechini. Storica, National Geographic. Articolo del 09/03/2022

non amici. Tali decisioni diventeranno per Atene[7] un motivo di orgoglio e una dimostrazione di forza strategica, anche verso i propri alleati, esercitando palesemente le proprie ispirazioni di supremazia ed imperialismo.

L'evoluzione sanzionatoria nella storia antica

"Chi percuote un uomo da farlo morire, sia messo a morte" (Esodo 21, 12). Nella storia biblica il concetto di sanzione è legato alla ipotetica punizione che viene inflitta da DIO al trasgressore di una regola sociale". Viene, infatti, applicato il principio "occhio per occhio dente per dente", caratteristica della legge ebraica ripresa nelle scritture bibliche dell'antico testamento. "In epoca[8] remota la pena assolve ad una funzione esclusivamente vendicativa, legittimando la vittima ed i suoi familiari ad infliggere al "reo" una sofferenza della medesima natura di quella arrecata secondo la nota simmetria biblica" sopramenzionata. "Ma se la vittima muore, richiederai vita per vita, occhio per occhio, dente per dente, mano per mano, piede per piede, ustione per ustione, ferita per ferita, lividura per lividura" (Esodo 21, 23-25). Per molti secoli si utilizza il metodo dello stesso equilibrio. In base al tipo di reato, o quanto meno violazione della regola, la pena inflitta al condannato è pari e direttamente proporzionale, ma nell'area mediterranea l'impostazione

---

[7] Matteo Cartechini. Storica, National Geographic. Articolo del 09/03/2022
[8] PROFILI DELL'ABUSO PROFILING. Scienze Forensi. Anno n.5, n° 4, dic.2014

sanzionatoria al "reo" è comunque ritenuta diversa. In base al tipo di violazione il colpevole può venire eliminato dalla sua compagine sociale attraverso una possibile eliminazione fisica tramite sommersione in acqua, crocifissione, lapidazione o cremazione. In alternativa viene applicato il principio della eliminazione di ogni diritto di natura civile con conseguente perdita della cittadinanza e/o di ogni forma di diritto personale e patrimoniale. (Mantovani, 1984). Col diritto romano arcaico diventa estranea la funzione di natura vendicativa. Le ragioni legate all'origine di quel tipo di pena, ovvero purificatoria con legami di natura biblica, morale e religiosa. Infatti la sanzione, in epoca preromana, era catalogata in un contesto di un processo di purificazione. Nel nuovo ordinamento romano il contesto muta rispetto ai periodi del passato. La caduta dell'Impero Romano d'Occidente (476 d. C) creò una battuta d'arresto nella evoluzione del sistema penale, ora caratterizzato da una ideologia propria del mondo germanico, dove si applicano misure punitive private e non più di natura e derivazione istituzionale pubblica. I condannati non vengono più, nei rituali germanici, condannati in pubblico. Veniva infatti attivata[9] una realtà formale della giurisdizione. Dopo l'Impero Romano[10] gli istituti privatistici collegati alle consuetudini barbariche convivono in modalità agevole anche se vi è ancora il tentativo di far prevalere, in diversi contesti, la primazia dello Stato e degli organi che lo

---

[9] PROFILI DELL'ABUSO PROFILING. Scienze Forensi. Anno n°5, n° 4, dic. 2014
[10] PROFILI DELL'ABUSO PROFILING. Scienze Forensi. Anno n°5, n° 4, dic. 2014

rappresentano in riferimento al podestà di origine punitiva. La prevalenza di ordinamenti giurisdizionali rappresenta l'espressione di un tentativo di azione per il raggiungimento e la conservazione dell'ordine pubblico dove la violazione dello stesso viene ritenuto come" rottura della pace." Tale contesto di inimicizia, in questo periodo storico, può essere sanato solamente con l'applicazione di sanzioni pecuniarie ovvero sanzioni di natura monetaria. In sostanza, per riequilibrare il contesto di pace è necessario corrispondere un definito importo monetario alla parte lesa da parte del condannato. I concetti legati alla vendetta[11] sono difficili da eliminare. Solo con l'epoca nuova e la riattivazione dei principi del diritto romano, con "la sua rinascita" comporteranno la ricomparsa di ordinamenti giuridici decisamente più evoluti rispetto al passato riabilitando la funzione pubblica come organo di equilibrio e di garanzia tra le parti coinvolte. Il periodo del basso medioevo è caratterizzato dalla non presenza di uno Stato centrale autorevole. La società dell'epoca era collocata nella logica dello Stato feudale dove per propria natura era composto dal feudo, dal feudatario e dai sudditi del feudo stesso. Questa composizione giuridica e statuale era molto debole e nei fatti non riusciva ad esprimere una forza giurisdizionale autorevole. Vennero infatti introdotti reati legati per esempio alla violazione della territorialità del feudo e della sua proprietà. Le sanzioni, in caso di violazione, venivano esercitate con molta aggressività e violenza. Solo con la nascita delle realtà comunali (l'Italia dei Comuni) la giurisdizione si compone della seguente progressione:

---

[11] PROFILI DELL'ABUSO PROFILING. Scienze Forensi. Anno n°5, n° 4, dic. 2014

condanna-sanzione-pena e venne gradualmente ritrasferita ad entità pubbliche con natura neutra tutelata da organi di maggiore garanzia rappresentate dalla forza pubblica dei Comuni. Questi sono il primo embrione di una nuova evoluzione istituzionale, legislativa e politica. Con il risorgimento medioevale[12] viene dunque reintrodotta definitivamente l'idea della pena ottenuta con l'avvallo di una forza pubblica riconosciuta. Questo perché vi è una nuova visione sul concetto di pena, di diritto e su chi la deve esercitare. Venne introdotta nuovamente con l'obiettivo primario di attivare i principi di giustizia e difesa sociale della comunità. Venne poi sostituita alla mera vendetta dell'offeso e dei suoi congiunti "Il rinnovato studio del diritto romano giustiniano,[13] al quale si devono le prime sistematiche elaborazioni teoriche sulla pena, la quale assume progressivamente natura pubblica soppiantando, in maniera definitiva, il sistema delle pene private". Ciò significa che ogni cultura e periodo storico esprimono un proprio ordinamento giuridico, mantenendo punti in comune ed in particolare la presenza di una forza pubblica che regolamenta le pene. Questo concetto vuole rappresentare ogni cultura dando una importanza diversa alle azioni dei singoli adottando i principi del tempo, delle tradizioni e delle consuetudini di ogni periodo della civiltà occidentale. La pena inizia ad assolvere la duplice funzione di giustizia e di difesa sociale. (Mantovani, 1984). In ogni caso,[14] il passaggio da vendetta a pena è un punto

---

[12] PROFILI DELL'ABUSO PROFILING. Scienze Forensi. Anno n°5, n° 4, dic. 2014
[13] PROFILI DELL'ABUSO PROFILING. Scienze Forensi. Anno n°5, n° 4, dic. 2014
[14] PROFILI DELL'ABUSO PROFILING. Scienze Forensi. Anno n.5, n° 4, dic. 2014

universalmente accettato proprio perché la pena (pubblica) preserva la società nella sua complessità e non più solamente di chi ha subito l'ingiustizia. Questo concetto si sorregge sul principio di proporzionalità e si innalza ad atto di ragione. Questo aspetto è garantito da una rappresentanza pubblica legittima: il potere sanzionatorio crea dunque le condizioni per la nascita del diritto penale (Cantarella, 1991). In Europa, in epoca precedente all'illuminismo, la maggioranza delle sanzioni e pene inflitte ai condannati erano riconducibili alle irregolarità di atteggiamenti rispetto alle leggi vigenti verso il sovrano che rappresentava in modo assolutistico lo Stato. In certi contesti la pena inflitta poteva corrispondere alla eliminazione fisica del condannato o determinandone, in altri contesti, la perdita dei diritti umani e civili ponendo quest'ultimo in un regime di schiavitù nella pluralità delle diverse casistiche previste dalla legge. Nel secolo XVIII° si assiste ad un nuovo e radicale mutamento. Si manifesta infatti quel movimento di pensiero a cui bisogna fare riferimento al giusnaturalismo laico che rappresenta la nuova legittimazione delle istituzioni statali con l'integrazione di un diritto naturale laico e terreno fondato su principi razionali e di ragione. Vi è, dunque, un processo di graduale modernizzazione del diritto penale e del conseguente utilizzo dei sistemi sanzionatori previsti. Molte azioni punitive utilizzate nei secoli precedenti, come le torture corporali, la pena di morte vengono via via ridimensionate. Lo stesso principio della detenzione acquisisce un nuovo significato. Il suo utilizzo ha scopi ed obiettivi diversi basati sulla possibilità della rieducazione del reo. Con l'Illuminismo si verifica uno spartiacque rilevante tra il vecchio e il nuovo metodo d'interpretazione della legge. Se nel periodo preilluministico si erano verificate delle modalità molto aggressive, con questo passaggio si arriva alla detenzione carceraria impostata, come sopra, sul principio della rieducazione del condannato. L'ideologia penale liberale, magistralmente descritta dal Beccaria nel 1764,[15] tratteggia le caratteristiche salienti della sanzione punitiva. Il significato retributivo e non solo vendicativo e intimidatorio deve essere proporzionato alla gravità del delitto e mitigato nella sua severità, con l'esclusione della pena afflittiva e l'abolizione della pena capitale. Sorge, così, l'istituzione carceraria nella moderna accezione del termine, con la costruzione di stabilimenti penitenziari vocati alla reclusione. In questo scritto si comprende l'evoluzione della concezione di pena, di detenzione e di tutto ciò che riguarda la giustizia dall'antichità fino ai giorni più vicini alla nostra concezione e realtà umana. Si dà forza al concetto liberale della centralità dell'individuo e della primazia dello stato di diritto, in quanto l'ordinamento giuridico tutela i cittadini e le comunità. Nel merito di queste considerazioni si può riaffermare che i Greci (della Magna Grecia) hanno dimostrato anche su questo una maturità superiore nell'approccio politico e giuridico anticipando di alcuni millenni le "decisioni sanzionatorie" applicate dal mondo occidentale in epoca contemporanea, rispetto a tutti i popoli

---

[15] PROFILI DELL'ABUSO PROFILING. Scienze Forensi. Anno n.5, n° 4, dic. 2014

e culture che li hanno preceduti. Questo ulteriore esempio di grande finezza culturale, esercitata proprio dalla Grecia Classica esprime di fatto le condizioni in diversi ambiti con il fine di aprire la storia dell'umanità verso la via della prosperità, del diritto, della libertà, della democrazia come della guerra, dell'imperialismo e della dittatura anche militare. Con atti ed idee concrete hanno fornito un patrimonio immenso lasciato ai posteri e alle future generazioni in un contesto sempre più globalistico ed universalistico, sia nella concezione espansionistica che culturale. Molte realtà del nostro tempo rappresentano l'estensione planetaria di questi principi. In ogni caso, le sanzioni politiche, come descritto dalla storia contemporanea, rappresentano nient'altro che esperimenti dell'esercizio della forza dei paesi occidentali verso tutti coloro che desiderano esercitare la propria sovranità con modalità diverse. In questo contesto si può affermare che i sistemi sanzionatori nascono ad Atene prima dell'arrivo di Gesù Cristo ma la loro evoluzione storica ha dimostrato una struttura molto variegata e plurima prima di arrivare alla realtà contemporanea che stiamo vivendo. I riferimenti alle Polis greche di Sparta ed Atene sono dunque modelli istituzionali e politici attuali che ogni civiltà, anche contemporanea, utilizza, sceglie e modella a propria immagine e somiglianza.

I giorni nostri

La guerra russo - ucraina risulta sempre più uno spartiacque per una ridefinizione degli equilibri economici e geopolitici mondiali. Affermo ciò perché con questo conflitto verranno presumibilmente ristabiliti gli elementi aggreganti e disgreganti del nostro presente. Una base nuova per una nuova prospettiva e diversa in futuro. Per comprendere in profondità questo conflitto bisogna fare un salto nel passato collocandoci nell'epoca medioevale europea. Infatti, è corretto affermare che la civiltà russa affonda le proprie origini proprio nel microcosmo dei Rus' di Kiev. Entità monarchica medioevale degli slavi orientali, sorta verso la fine del IX° sec d.C. Parte del territorio delle odierne Ucraina, Russia europea, Bielorussia, Moldavia, Polonia, Lituania orientale, Estonia orientale costituivano la base territoriale di questo popolo. Questa piattaforma territoriale viene rappresentata come il più antico Stato organizzato slavo ed orientale dove Kiev risulterà la legittima capitale. Nelle fonti di origine medioevale l'agglomerato statuale viene definito semplicemente Rus' o in alternativa terra di Rus' oppure Rus' di Kiev. La nascita di questa nuova aggregazione territoriale si attesta nel 882 d.C. con il conquistatore Oleg di Kiev. La fine viene catalogata intorno al 1240 d.C. a seguito di una possibile invasione tartaro-mongola. Anche la stessa rivista di geopolitica Limes con un articolo pubblicato in data 14.05.2014 cita: *"La realtà dell'Ucraina induce a privilegiare letture complesse e plurali del paese In questo senso è opportuno rilevare come il dualismo russo - ucraino non possa essere in maniera semplificata assunta come unica chiave di lettura della realtà"*. Nei momenti di maggiore crisi di relazione tra ucraini e russi, la faccia della discordia diventa più marcata, tenendo presente che l'origine culturale di Russia ed Ucraina appartengono comunque ad un unico ceppo culturale. Nell'articolo si cita anche: *"I territori sotto il controllo di Kiev aumentano fino al XIII° secolo sia verso settentrione che a sud occupando la parte centro occidentale della attuale Ucraina"*. Queste sono le basi per le quali, anche Limes, ritiene valido dare rilevanza ai Rus' di Kiev. Ho ritenuto doveroso introdurre l'argomento sul tema della attuale guerra partendo dall'elemento storico perché nutro la convinzione che ogni decisione politica e militare contemporanea abbia una chiara correlazione con il passato. I popoli e le culture sono il risultato delle esperienze e del proprio vissuto. La convinzione russa che L'Ucraina non sia altro che la sintesi della evoluzione dello Stato medioevale dei Rus' di Kiev è un dato certo ripreso in diverse occasioni pubbliche dallo stesso Presidente russo Vladimir Putin. L'ulteriore convinzione russa è che lo stesso ceppo medioevale è a rappresentare l'inizio della Russia e la prospera cultura a cui essa fa riferimento. Lo "Stato di Rus" va a fortificare la convinzione che i russi e gli ucraini siano praticamente lo stesso popolo con la stessa origine culturale. Il secondo aspetto ha correlazioni, come vedremo, più pratiche e certamente meno distanti dal nostro tempo. Alcuni esempi sono rappresentati dal tentativo ucraino di aderire all'Alleanza Atlantica, alla NATO, all'ipotesi difficile ma non impossibile per una futura annessione dell'Ucraina all'Unione Europea. Le ricchezze variegate presenti nel Donbas inevitabilmente attraggono l'interesse sia ad Occidente che ad Oriente. Mosca, come affermato dallo stesso Kissinger, non può starsene ferma a guardare, ipotizzarlo oppure sperarlo risulta una utopia. La Russia rappresenta, come vedremo in seguito, un Impero. Le caratteristiche delle organizzazioni politiche hanno rappresentato diverse forme di supremazia più o meno marcate. Il riferimento più classico è sicuramente testimoniato dall'Impero Romano. L'Ucraina rappresenta la nuova frontiera per la nuova colonizzazione dell'Europa. La Russia nutre la convinzione di doversi smarcare dal blocco occidentale visti i fallimenti d'integrazione tra la stessa Federazione, l'Europa occidentale e, in macro scala, al confronto a distanza con gli USA. Mosca basa la creazione del proprio PIL sulla vendita a terzi delle proprie materie prime. Infatti, fino al 2022 il primo acquirente era certamente l'UE. Prossimamente lo sarà il gigante asiatico cinese. La crisi economica e la bolla sugli immobili in Cina potrà creare una contrazione nell'acquisto di gas naturale e petrolio alla Federazione Russa da parte della Cina. Nel frattempo la Russia si è attrezzata a trovare modalità plurime per aggirare i pacchetti sanzionatori avviati dai paesi UE e USA. Tanto che a rubinetti dichiarati chiusi noi europei continuiamo comunque ad usufruire, in parte, del gas e petrolio russo acquistandolo nelle retro vie. Le sanzioni risultano uno strumento di guerra funzionale all'indebolimento progressivo dell'avversario. Questo elemento può risultare, solo parzialmente, veritiero se facciamo riferimento ai risultati ottenuti fino al concludersi del 2023. Col 2024 si inizia ad intravedere qualche effetto concreto sull'andamento della decrescita economica in Russia. Come vedremo in seguito, diverse analisi confermano che lo strumento sanzionatorio ha ottenuto il proprio obiettivo, spesso politico, solamente nel 30% dei casi. Questo dato è oggettivamente modesto. Per certi versi le sanzioni risultano inutili ai fini di modificare un preciso regime politico. Più verosimile, invece, è la reazione di maggiore unità del popolo colpito rispetto al rapporto che solitamente si instaura con il proprio leader politico. L'attuale guerra può essere tranquillamente definita una guerra tripartita composta principalmente da tre fronti d'azione distinte:

a) GUERRA ECONOMICA RAPPRESENTATA DAI PACCHETTI SANZIONATORI
b) GUERRA MILITARE RAPPRESENTATA DAL FRONTE DI GUERRA IN UCRAINO
c) GUERRA MILITARE RAPPRESENTATA DAL FRONTE DI GUERRA IN MEDIO ORIENTE

Questo studio ha la funzione di analizzare sicuramente i programmi sanzionatori oltre ad approfondire i diversi cambi di strategia e degli asset ai fini globali. Con lo scoppio del conflitto nulla potrà restare come prima. I processi di disintegrazione internazionale si sono avviati. Non è facile immaginare le future evoluzioni di forza nei rapporti del nuovo equilibrio che si va prefigurando. L'UE potrebbe svolgere un ruolo decisivo nella ridefinizione degli stessi. Il rapporto conflittuale tra Occidente e Russia potrebbe risultare ancor più affascinante tenendo conto della capacità reattiva della Federazione in merito alla tutela di ciò che resta del proprio tessuto economico e sociale. I diversi sistemi di raggiro delle sanzioni e lo stesso Friend Shoring sono la testimonianza concreta della attivazione del processo di evoluzione geoeconomica. Il secondo rappresenta la prima vera risposta al cambio di dinamica commerciale ed economica dopo decenni di globalizzazione. Le ultime novità geopolitiche hanno posto Putin come primo avversario al mondo globale governato dagli Stati Uniti d'America. Gli eventi di questi giorni in Israele potrebbero oscurare l'Ucraina favorendo i russi. Ad oggi mi azzardo ad affermare che il conflitto ucraino non ha né vincitori né vinti. È probabile che questo inverno, quello entrante (2023/2024), sarà decisivo ma a seguito dei fatti medio orientali la Russia potrebbe essere agevolata per perseguire la via della vittoria. Risulta da diverse analisi che l'Occidente non riesce a comprendere le ragioni profonde della Russia. Nell'avvio del conflitto nel Donbass ed in Crimea. Nel libro si cercherà di fornire qualche risposta nel merito facendo anche sottintendere che l'attuale invasione non è una vera e propria offensiva ma viceversa potrebbe risultare una azione difensiva. Come vedremo, sullo sfondo, troviamo la Repubblica Popolare Cinese e i nuovi ruoli geopolitici e geoeconomici mondiali. Per gli americani sconfiggere la Russia significherebbe relazionarsi con una Cina decisamente più debole. Questa è, a mio avviso, l'unica ragione logica per dare un senso a questa guerra oltre ai discreti possedimenti, come vedremo, di gas naturale e non solo nel Donbas. Ora, però, la priorità è rappresentata da Israele in guerra contro Hamas. I rilasci degli ostaggi e la liberazione, da parte israeliana, di carcerati palestinesi potrebbe rappresentare un primo tentativo per la ricerca della pace. Lo stesso Presidente americano auspica la nascita, quanto prima, di due Stati autonomi ed indipendenti come unica soluzione alla conclusione delle ostilità.

CAPITOLO SECONDO

La politica in Russia

"Putin è stato un leader carismatico ma da tempo non lo è più". - Oggi ricade invece nella categoria Weberiana del "leader legale," laddove la legalità deriva da una dimensione autocratica rivelatasi fallimentare con la guerra in Ucraina. Sappiamo bene in cosa consiste la tradizione russa del rispetto dello Zar. Quando però lo Zar è un vincente. Quando perde è lui a essere il traditore della patria."[16]

Mi trovo a leggere un libro di grande valore politico: "La Russia di Putin" a cura di Mara Morini docente di Scienza Politica all'Università di Genova. Dal 2000 scrive articoli, documenti e libri sulla Russia contemporanea, in particolare sulle dinamiche politiche interne ed esterne riferibili alle varie azioni intraprese in politica estera dalla attuale amministrazione russa. Nel libro vengono descritte la storia e la cultura. Una Russia incapace di assoggettarsi alle volontà degli altri popoli e desiderosa di preservare la propria identità politica e culturale. Sono infatti descritte le varie forme di potere presenti nella Russia odierna e putiniana. Una Russia orgogliosa della sua storia secolare ed impegnata a tutelare sé stessa ed il proprio Impero

---

[16] Limes. Russia o non Russia, 06/2023 da p. 79 a p. 88

contrastando in modo severo, se necessario, le democrazie occidentali, partendo dal presupposto che prima di tutto è necessario difendere la propria sovranità piuttosto che l'avvallo di questo o quello tra i sistemi politici presenti nel globo. La Russia di Putin, in effetti, può essere definita come l'unico Impero del 1900 rimasto ancora in vita. Questo può risultare uno degli elementi che hanno portato all'attuale guerra contro Kiev con la finalità d'impedire alla NATO di sbarcare in modo definitivo in Ucraina e tentando di portare il gioco geopolitico su uno scacchiere, come vedremo in seguito, quantomeno bipolare al fine di imporre un nuovo schema nella politica internazionale. La reazione degli USA, in riferimento al conflitto, non è certamente casuale. Non può neppure sorprenderci l'appiattimento degli Stati europei sulle scelte americane. L'Europa si dimostra nuovamente immatura a livello strategico e militare ed incapace di smarcarsi da Washinton e dalle volontà degli USA.

A seguito della caduta dell'URSS, la Federazione Russa venne definita nell'epoca di Boris El'cin una Repubblica semi presidenziale alla De Gaulle, dove il Presidente viene eletto a suffragio universale con una legge elettorale a doppio turno. La costituzione approvata il 12.12.1993, anch'essa a suffragio universale, venne approvata dagli elettori russi con una maggioranza del 58,4%. La costituzione della nuova Federazione entrò in vigore il 25.12.1993, a due anni di distanza, quasi esatti dalle dimissioni di Michail Gorbačëv. L'idea di dotare il Presidente come depositario della volontà popolare segnerà tutti i Presidenti in carica e questo elemento costituirà un tratto distintivo della autocrazia russa.[17] Il Presidente della Federazione Russa ha il dovere di nominare il Premier, in accordo con il capo del Governo, è tenuto a nominare i due Presidenti delle camere. Nomina e revoca i Vicepresidenti del Governo e i Ministri federali (Art 83 c.1), decide sulle dimissioni del Governo (Art 83 c.1.c). Al Presidente spetta anche la scelta dei Ministri chiave dello stesso Governo: difesa, esteri, interni, giustizia ed emergenza. Se alcuni atti del Governo vanno contro i principi costituzionali il Presidente può decidere di non controfirmarli per incostituzionalità, essendo proprio lui stesso il vero garante della carta costituzionale. In base all'art. 117 della Costituzione il Presidente può sciogliere la Duma e può esercitare la potestà legislativa attraverso la proposta di leggi alla Duma stessa (Art. 84 d) e ha il compito di promulgare le leggi federali. (Art.84.e).[18] Il Presidente[19] nella giurisdizione costituzionale ha il diritto-dovere di nominare i diplomatici presso gli Stati stranieri e le organizzazioni di natura internazionale. Inoltre, il Presidente rappresenta l'integrità e l'unità della nazione all'estero, ricordando che la Russia odierna è una Federazione di Repubbliche con diversità culturali talvolta

---

[17] Mara Morini. La Russia di Putin. Il Mulino - Upm - 2022 p. 14
[18] Mara Morini. La Russia di Putin. Il Mulino - Upm - 2022 p. 15
[19] Mara Morini. La Russia di Putin. Il Mulino - Upm - 2022 p. 16

marcate. Il Presidente è investito del potere di nomina e di rimozione delle cariche sottoelencate:

a)   PRESIDENTE DELLA BANCA CENTRALE
b)   GIUDICI DELLA CORTE COSTITUZIONALE
c)   GIUDICI DELLA CORTE SUPREMA
d)   GIUDICI DELLA CORTE SUPREMA DI ARBITRATO
e)   IL PROCURATORE GENERALE
f)   I GIUDICI DELLE ALTRE CORTI FEDERALI

Emerge, dunque, un sistema politico verticistico incarnato proprio sulla figura del Presidente. Ciò che appare surreale è la percezione del caos istituzionale che, anche con la presenza di un sostanziale presidenzialismo forte, risulta tutt'ora vigoroso. Una spiegazione si trova nella fragilità del sistema democratico, costituito solitamente da pesi e contrappesi che, come vedremo a breve, in Russia non sono presenti. La struttura organizzativa presidenziale[20] è composta da uno staff di circa tremila addetti che supportano l'attività del Presidente. Nell'anno 2000 per favorire il dibattito su questioni che riguardavano il rapporto tra centro e periferia Putin ha creato il Consiglio di Stato (CDF) composto dai rappresentanti federali degli ottantacinque soggetti della Federazione Russa. Nel 2002 Putin ha aggiunto il Consiglio Legislativo.[21] Tale organo istituzionale è funzionale ad armonizzare la legislazione delle singole

---

[20] Mara Morini. La Russia di Putin. Il Mulino - Upm – 2022 p. 18
[21] Mara Morini. La Russia di Putin. Il Mulino - Upm – 2022 p. 18

repubbliche con quella dei livelli federali. Inoltre nel 2005 nasce la Camera Pubblica che collega il potere presidenziale alla società civile. Organo formato per permettere audizioni e segnalazioni alla Duma di Stato da parte della società civile. Sempre nel 2005[22] Putin dà vita al Consiglio presidenziale per l'attuazione di progetti prioritari costituito da 41 membri. Si parla di diversi punti rilevanti: welfare, istruzione ed agricoltura.[23]Questi sono organi istituzionali che col passare del tempo diventano comunque verticistici verso il Cremlino. Il Presidente si accerchia di un gruppo molto ristretto di fedelissimi che può essere definito cerchio magico. Composto solitamente da due sottogruppi:

a)   IL GIARDINO D'ORO
b)   I SILOVIKI

I secondi, "i Siloviki," sono ufficiali dei servizi dell'intelligence e delle forze militari. Quest'ultimi rappresentano una posizione molto vicina al Presidente. Hanno una posizione favorevole alla costruzione di una forma di Stato e di Governo molto forte. Queste ultime caratteristiche della gestione del potere russo possono essere riconducibili alla vecchia struttura sovietica. Nella rivista Limes di novembre 2023 viene fatta una analisi accurata da Orietta Moscatelli. L'articolo è intitolato come segue: *"Il Putin collettivo è forte ma non eterno"* - Prosegue- *"Il disastro militare del*

---

[22] Mara Morini. La Russia di Putin. Il Mulino - Upm – 2022 p. 19
[23] Mara Morini. La Russia di Putin. Il Mulino - Upm – 2022 p. 19

febbraio 2022 il potere moscovita ha reagito compattando i ranghi e appellandosi ai "patrioti" salvo epurarli se pericolosi. Il ruolo di FSB, SVR, e GRU sono fondamentali. I Siloviki restano affianco al capo ma nel dopoguerra una transizione è nel loro interesse."[24]

Si cita che una delle tattiche del Cremlino in termini di comunicazione è rappresentato dalla negazione degli insuccessi sul fronte ed in certe circostanze si sottostimano i successi. Si utilizza la metodologia "cambiare poco per non dover cambiare tutto."[25] I tentativi di cambio di regime a Kiev sono stati sostanzialmente due: il I° avviato a fine febbraio 2022 mentre il II° è stato condotto senza successo nel giugno 2023 dall'ex Leader della Wagner Evgenij Prigozin.[26] Questi eventi non sono altro che la dimostrazione della contemporanea forza e debolezza del regime putiniano.[27] La realtà si misura nella capacità d'influenza dei Siloviki a Mosca come i veri artefici della guerra contro Kiev e su queste basi si ritorna a menzionare che il leader russo non può essere ritenuto come l'uomo solo al comando in Russia. Le scelte sono modulate e sottopesate dalla élite militare. I Siloviki sono spietati, ostili a qualsiasi possibile convergenza a favore della pace. Nella prima fase a febbraio 2022 l'organizzazione

---

[24] Orietta Moscatelli. Limes; n° 11/2023 Il Putin collettivo è forte ma non eterno. da p. 97 a p. 104
[25] Orietta Moscatelli. Limes; n° 11/2023 Il Putin collettivo è forte ma non eterno. da p. 97 a p. 104
[26] Orietta Moscatelli. Limes; n° 11/2023 Il Putin collettivo è forte ma non eterno. da p. 97 a p. 104
[27] Orietta Moscatelli. Limes; n° 11/2023 Il Putin collettivo è forte ma non eterno. da p. 97 a p. 104

sopracitata non ha ottenuto risultati dignitosi sul campo di guerra in Ucraina. Potevano uscirne concretamente con le ossa rotte. Col passare dei mesi la così definita missione militare speciale si è convertita in una vera guerra d'attrito. Nel 2023, anche a fronte del minor impegno della NATO e del Governo statunitense in termini di aiuti a Kiev può permettere a Mosca di sperare nella vittoria riposizionandosi su standard più consoni e conformi alla propria storia bellica e militare. Con queste osservazioni è possibile ipotizzare che i Siloviki, nel 2023, abbiano riacquisito molto potere nella Federazione Russa ed in particolare al Cremlino. Secondo la visione putiniana, che non significa l'esclusiva del pensiero del capo del Cremlino ma di una élite più vasta, la Russia è dunque destinata a prevalere nel conflitto per la progressiva riduzione delle risorse militari fornite a Kiev ed in secondo luogo per il ridursi progressivo degli aiuti da parte americana.[28] El'vira Nabiullina,[29] classe 1963, è la Presidente della Banca Centrale Russa nominata dal Presidente Putin. Una personalità di grande esperienza professionale, collegata ad individualità molto importanti a San Pietroburgo. In particolare è collegata ad Aleksej Miller capo di Gazprom. Nella Real Politik, secondo Mara Morini, la gestione del potere da parte di Putin risulta coeso e difficile da scalfire o dividere. Un potere forte che solitamente sanziona chi

---

[28] Orietta Moscatelli. Limes; n° 11/2023 Il Putin collettivo è forte ma non eterno. da p. 97 a p. 104
[29] Orietta Moscatelli. Limes; n° 11/2023 Il Putin collettivo è forte ma non eterno. da p. 97 a p. 104

cerca di opporsi. Come si è visto in precedenza il Presidente della Federazione Russa gode di ampi spazi di manovra decisionale e politica. Il problema vero, dice Mara Morini, è che nella Russia odierna non sono presenti quei contrappesi necessari a garantire la democrazia. In effetti il sistema politico si presenta ostile alle forme di pesi e contrappesi caratteristici delle democrazie occidentali. Basti prendere come esempio il caso degli USA. Sistema presidenziale dove il grande potere del Presidente viene bilanciato da organismi di controllo molto forti e presenti nella geometria istituzionale. È infatti lecito immaginare che se non ci fossero queste forme di bilanciamento anche gli Stati Uniti d'America correrebbero il rischio reale di cadere nella deriva autoritaria. Putin a partire dal 2001 per consolidare il proprio potere decide di effettuare alcune scelte mirate che comprendono due situazioni molto precise riferibili alla eredità del Presidente El'cin. Il potere esercitato da Boris El'cin era caratterizzato da uno scontro diretto tra il Presidente e la Duma di Stato. Con Putin questo scontro viene sostanzialmente sradicato. Viceversa nella precedente presidenza i rapporti tra il Cremlino e le periferie erano caratterizzate da una maggiore autonomia per le zone periferiche del paese con una maggiore dialettica tra le parti. Putin attua una riduzione concreta, delle capacità decisionali a livello politico di queste aree agendo sulla riduzione di potere delle regioni e delle province, ritenendo la stessa autonomia una forma di minaccia per l'integrità e per l'unità della Russia. Nel 2001 il Presidente in carica crea il suo partito "Russia Unita." Denominazione abbastanza chiara per iniziare a comprendere le future iniziative politiche da parte del Cremlino. Quest'ultimo diventerà dominante (Russia Unita) nella scena politica nazionale. Il movimento viene fondato appositamente per controllare la Duma. Per evitare che i possibili scontri parlamentari mettano a dura prova l'azione politica della presidenza. "Vi è, tuttavia, un ulteriore elemento che rappresenta il cuore della politica federale in Russia. Ovvero la così definita politica informale.[30] Si tratta di un sistema di pratiche esercitate da network personali basati sullo scambio di favori e contatti per ottenere beni e servizi in minor tempo bypassando le procedure formali."[31] Secondo il politologo russo Vladimir Gel'man "la Russia di Putin risulta un enorme laboratorio politico per un esperimento del dominio della eredità sovietica e dei suoi aspetti distorsivi in politica, nella economia e nella società."[32] In Russia la corruzione è molto presente. Per ottenere ruoli di potere e di prestigio ai vertici delle istituzioni e dello Stato è necessario contribuire con corposi pagamenti in rubli. In pratica ogni posizione e ogni nomina ha un prezzo che deve essere in qualche modo corrisposto in denaro per potersi concretizzare trasformandosi in realtà.

---

[30] Mara Morini. La Russia di Putin. Il Mulino - Upm - 2022 da p. 23 a p.24
[31] Mara Morini. La Russia di Putin. Il Mulino - Upm - 2022 da p. 23 a p.24
[32] Mara Morini. La Russia di Putin. Il Mulino - Upm - 2022 da p. 23 a p.24

Il Governo

Il Governo della Federazione Russa esercita le proprie funzioni garantite ed esplicate nella costituzione. Precedentemente si è compreso che la forma di governo è semipresidenziale. Con il passare del tempo è diventata una forma di presidenzialismo molto forte in termini di esercizio del potere. In molti contesti il capo del Governo esegue le linee guida espresse dal capo dello Stato. Gli articoli costituzionali che regolamentano l'esercizio del potere esecutivo sono i seguenti: dall' art. 110 c all'art. 115 c. (c: Costituzione). In Russia esiste il Voto di Fiducia come in Italia, uno strumento di controllo esercitato dalla Duma di Stato nei confronti dell'esecutivo. Inoltre il Presidente della Federazione Russa ha una forte influenza sulle scelte della compagine governativa. Basti solamente pensare alla nomina dei ministri definiti del "potere", ovvero i principali, come, per esempio, i ministeri degli esteri, degli interni, della difesa, etc. Le scelte politiche di natura economica sono materia esclusiva del governo. È comprensibile immaginare che una legge, definita anticostituzionale, venga respinta dal Presidente nella veste di garante della carta costituzionale. Nel caso di caduta del potere esecutivo, per l'assenza della fiducia da parte della Duma di Stato, il Presidente della Federazione ha la possibilità, in riferimento agli articoli costituzionali, di effettuare le rispettive scelte, come in elenco, di carattere politico ed istituzionale:

a)   FORMALIZZARE LA CRISI DI GOVERNO
b)   SCIOGLIERE LA DUMA DI STATO
c)   INDIRE NUOVE ELEZIONI PARLAMENTARI

In realtà lo scioglimento della Duma di Stato si può fare e realizzare a distanza di tre mesi tra la prima e seconda sfiducia al governo. In tale circostanza il Presidente della Federazione può indire nuove elezioni.[33] "A mia legittima comprensione deduco che uno degli aspetti più importanti è la stabilità politica della Federazione tanto che l'assetto istituzionale sta a rappresentare una Russia che continua ad esprimere caratteristiche istituzionali riconducibili all'era zarista. In effetti il potere del Presidente può essere assimilato all'esercizio del potere esercitato dagli Zar". Ciò significa che nella Russia contemporanea i Ministri preferiscono mantenere un rapporto privilegiato col Presidente piuttosto che con la Duma di Stato. Questo aspetto resta valido anche per il primo ministro che è, a sua volta, nominato dal Capo dello Stato. In ogni caso l'accentramento del potere dalla periferia verso il Cremlino è un processo tutt'ora in atto. In particolare, nell'epoca putiniana dove, come vedremo, alcune forme di democrazia intermedia vengono sostanzialmente eliminate come nell'esempio dei governatori. Queste figure di rappresentanza locale non sono più elettive attraverso il suffragio universale, cosa che vigeva in precedenza, ma bensì, al contrario, i presidenti vengono nominati

---

[33] Mara Morini. La Russia di Putin. Il Mulino - Upm - 2022 p. 29

direttamente dal Cremlino. "Ad ogni modo, le dimissioni del governo, art. 117 c., sono sostanzialmente in mano alla volontà del Presidente,"[34] indipendentemente dall'operato e dalla efficacia dell'esecutivo nell'esercizio delle sue funzioni. Certamente un voto di sfiducia da parte della Duma di Stato può incidere sulle scelte finali nel merito da parte del Presidente. Ci si rifà così ad elementi riconducibili agli interessi del capo del Governo rispetto al Presidente. Piuttosto che ricercare, come avviene nelle democrazie occidentali, una maggioranza coesa all'interno della Duma di Stato il futuro I° ministro ricercherà primariamente il favore del Presidente.[35]

La Tandem crazia Russa

Un esempio di reale particolarità istituzionale in Russia viene rappresentata dalla Tandem crazia che non è altro che lo scambio dei ruoli tra Putin e Medvedev. Ovvero, nel momento in cui Putin, per ragioni costituzionali, non poteva essere nuovamente rieletto Presidente della Federazione Russa decide di convogliare il proprio consenso sulla futura presidenza di Medvedev. Infatti, proprio grazie alla Tandem crazia sarà proprio Putin a ricoprire il ruolo di capo dell'esecutivo. A Mosca si vociferava che dietro l'azione politica di Medvedev vi era l'ombra di Vladimir Putin. In

---

[34] Mara Morini. La Russia di Putin. Il Mulino - Upm - 2022 p. 29
[35] Mara Morini. La Russia di Putin. Il Mulino - Upm - 2022 p. 30

realtà la presidenza di Medvedev risulta molto più innovativa e dinamica. Personalità di alto profilo culturale il giovane Presidente imposta una politica meno autoritaria con una tendenza oggettivamente più liberale. Una politica più aperta alla espansione democratica della Russia e ai principi di libertà. Tanto che alcune scelte del Presidente non sono state apprezzate da Putin. Medvedev risulta un rottamatore con l'intento di colpire i rappresentanti più anziani del potere burocratico dando il via alla ribellione da parte degli esponenti del comparto pubblico. Sarà proprio Putin a dover riprendere in mano la situazione di protesta. Nella Russia di Medvedev molti russi speravano nel secondo mandato presidenziale proprio in funzione di questo nuovo spirito innovatore. La realtà dimostra che le forze centrifughe dei poteri forti favoriscono sicuramente la rielezione di Vladimir Putin. In definitiva la presidenza Medvedev risulta, in termini politici, una parentesi che se proseguita poteva permettere, secondo diversi analisti, un'evoluzione istituzionale più vicina alle forme di governo caratterizzanti le democrazie liberali. Nell'ambito della gestione del territorio a livello periferico è possibile fare una prima distinzione tra Boris El'cin e Putin. Nell'evoluzione istituzionale si è compreso che la politica putiniana è sostanzialmente ostile a possibili rafforzamenti dei poteri periferici nella Federazione, considerando le evenienze menzionate come una minaccia della stessa unità federale. Le forze separatiste interne alle diverse repubbliche possono minare direttamente la stessa unità della Russia. Quindi da questo concetto si comprendono le motivazioni dell'evidente riduzione di potere degli enti territoriali. Precedentemente, infatti, i governatori venivano eletti a suffragio universale. Con le nuove norme avanzate dal Presidente i governatori vengono nominati, come già citato, direttamente dal Cremlino. A seguito delle nomine è necessaria la votazione favorevole delle camere territoriali o consigli regionali. La Russia putiniana è comunque costituita dal seguente schema federale: sette macroregioni o distretti federali; (Nord, Ovest, Sud, Volga, Urali, Siberia, Estremo Oriente). I distretti federali nel 2014 passano da sette a nove per due ragioni: la prima per l'annessione della Crimea mentre con la seconda ci si riferisce alla suddivisione del Caucaso in due aree, area del Nord e area del Sud. Nel 2022 si procede con una forzata adesione delle due Repubbliche autonome del Donbass ossia Donec'k e Lugansk. Questa suddivisione è stata effettuata sotto la presidenza Medvedev nel 2011. Ad ogni modo Putin crea un meccanismo verticale che ridimensiona di molto il ruolo delle periferie. In riferimento al tema dei finanziamenti, da devolvere dal centro burocratico verso le periferie, i contributi non passano dal Cremlino agli enti territoriali. In realtà i trasferimenti vengono dirottati a favore di "agenzie territoriali" coordinate, a quanto pare, dai ministeri federali di competenza e per materia. La specifica procedura viene ritenuta da Mara Morini poco trasparente.[36] Tutte queste azioni accentratrici hanno ridotto la Camera Alta, precedentemente espressione dei territori, ad organo soggetto

---

[36] Mara Morini. La Russia di Putin. Il Mulino - Upm - 2022 p. 38

al volere della Presidenza della Repubblica. In questa osservazione è possibile comprendere che la Russia è certamente una Federazione caratterizzata da una forte forza centrifuga verso il Cremlino.

Il Parlamento

"La Russia ha un Parlamento ... non riconoscerlo è una posizione ideologica e sostanzialmente falsa" Nel 1918 l'autorevole sociologo tedesco Max Weber scrisse: *"Si può odiare o amare l'istituzione parlamentare; abolirla non si può. La si può soltanto rendere politicamente impotente"*.

Mara Morini conferma che il Parlamento russo svolge un ruolo di avvallo della operatività del Governo e dell'attività politica assunte dalla Presidenza della Repubblica. Questa caratteristica si è presentata con l'ascesa al potere di Vladimir Putin. Col Presidente El' cin vigeva un contesto molto diverso. Nel senso che le forme di scontro tra la Presidenza e la Duma di Stato erano decisamente più frequenti. Infatti il partito del potere Russia Unita diventerà maggioritario alla Duma di Stato trasformando l'istituzione parlamentare russa in una struttura al servizio del Presidente. Il Parlamento russo, ad ogni modo, per correttezza intellettuale è composto da due camere distinte:

a)   LA DUMA DI STATO
b)   IL CONSIGLIO DELLA FEDERAZIONE

"La Duma di Stato è composta da 450 deputati e rimane in carica per cinque anni. Quest'ultima è coinvolta nel processo di formazione del governo attraverso il voto di fiducia e la nomina del Presidente del Governo (art. 103, c. 1, a); può presentare la questione di fiducia al Governo (art. 103, c. 1, b); ma non ai singoli ministri. Formula l'accusa contro il Presidente della Federazione Russa per la sua destituzione (art. 103, c. 1, g), inoltre, il diritto di iniziativa legislativa spetta al Presidente della Federazione Russa, al Consiglio della Federazione, ai deputati della Duma di Stato, al Governo della Federazione russa, agli organi legislativi (rappresentativi) dei soggetti della Federazione Russa (art. 104, l. 1); costituzione." Il voto di fiducia esercitato dalla Duma è espresso in due forme distinte:

a)   IMPLICITA
b)   ESPLICITA

Ad ogni modo, la questione di fiducia/sfiducia viene adottato con la maggioranza dei voti dei deputati. Inoltre, come già anticipato, il Presidente ha la facoltà di decidere in due modi, in caso di sfiducia al Governo. Ovvero:

a) SCIOGLIMENTO DELLA DUMA DI STATO
b) RENDERE DIMISSIONARIO IL GOVERNO

In accordo con la Duma di Stato può venire nominato un nuovo Governo. Nel caso venga scelta l'opzione di scioglimento del Parlamento russo il Presidente ha il dovere costituzionale di indire nuove elezioni parlamentari. In Russia è possibile mettere sotto (impeachment) il Presidente ed è capitato a El' cin nel 1998. Questo aspetto istituzionale è garantito dalla Costituzione. Sotto la veste legislativa di regolamentazione sull'impeachment. In realtà tale procedura è stata avviata ben cinque volte ma in nessuna delle stesse mozioni si sono raggiunti i trecento voti necessari per raggiungere l'obiettivo preposto dai richiedenti. "Le competenze della C.D.F. riguardano[37] la condivisione con il Presidente della Federazione Russa, dei poteri di nomina dei giudici delle varie corti (art. 102, cc. g-i) l'indizione delle elezioni presidenziali e la destituzione del Presidente (art. 102, cc. e-f) l'approvazione dei decreti presidenziali sullo stato di emergenza e la dichiarazione di guerra (art. 102, cc. b-c). Il C.D.F. (Consiglio della Federazione) presenta una procedura legislativa meno articolata rispetto alla Duma di Stato. È sufficiente una sola prima lettura per approvare o rimandare la legge alla Duma. In quest'ultimo caso si crea una commissione di conciliazione per valutare le divergenze tra le due camere; sulla materia in oggetto di votazione. Tale commissione non apporta alcun emendamento, ma si limita

---

[37] Mara Morini. La Russia di Putin. Il Mulino - Upm - 2022 p. 44

ad approvare o rifiutare il testo. Nel caso di rigetto da parte del C.D.F. se si ottengono i 2/3 dei voti alla Duma, la legge passa al Presidente della Federazione Russa che la firma o pone il veto per il cui superamento sono necessari i 2/3 dei voti di ciascuna camera dell'assemblea." Nella Duma di Stato è possibile costituire delle fazioni parlamentari con il raggiungimento di almeno 55 membri aderenti. Ciò comporta che non tutti i deputati appartengano ad un gruppo politico o ad una fazione. Ciò che è possibile alla Duma di Stato non è previsto per il C.D.F. Infatti il C.D.F. è nato per tutelare le istanze e le necessità dei territori più periferici e delle regioni. Col passare del tempo il C.D.F. è però stato convertito in istituzione "stampella" a favore dell'azione politica della Presidenza della Repubblica. La presenza delle fazioni parlamentari è una caratteristica dell'organizzazione della Duma di Stato che, come precedentemente citato, sono necessarie ben 55 adesioni per poterne comporre una. I deputati hanno diritto ad uno stipendio, al rimborso delle spese sostenute per l'attività politica, il vitto e l'alloggio gratuito a Mosca. Nel merito delle retribuzioni ai parlamentari non si denotano grandi differenze di trattamento economico rispetto agli stessi colleghi dei parlamenti occidentali. La stessa logica del finanziamento ai partiti è stata implementata col passare degli anni ritenendo l'attività politica sempre più costosa e dunque risulta necessario finanziare pubblicamente la suddetta attività. In ogni caso questo risulta come elemento determinante per la realizzazione di un sistema istituzionale che non può essere comparato ai sistemi liberal democratici ma viceversa contrastante con i principi fondativi della rispettiva cultura politica. Con l'elezione del Presidente Putin le funzioni democratiche della Duma di Stato e del C.D.F. si ridimensionano, diventando sostanzialmente il braccio operativo e di approvazione della politica esercitata dal Cremlino. Questa nota fa comprendere perfettamente che la suddivisione dei poteri caratteristici di una democrazia matura in Russia non sono parte integrante della logica istituzionale. Questo elemento espone chiaramente la Federazione a forme di regime quanto meno non democratiche.

CAPITOLO TERZO

La Cultura Russa e la Forza dell'Identità

La cultura russa è chiara espressione dei valori europei[38] ed asiatici. Trova nella tradizione quel senso di fedeltà, di appartenenza etnica e di rispetto dei costumi del proprio popolo. Il grande bagaglio storico e culturale, erede di un immenso patrimonio letterario, sconosciuto ai molti, è racchiuso nella ricchezza dei comportamenti, simboli, riti ed elementi autoctoni locali che determinano una diversità multiculturale in una unica fonte inestimabile di arte e cultura popolare. Con l'arrivo al Cremlino, del Presidente Boris El' cin, la parola da lui più usata nei suoi discorsi, ovvero l'unica parola che decide di citare in riferimento alla nuova evoluzione culturale del popolo russo è "Russijanin" (russo). Intesa come terminologia identitaria ma che tiene conto delle differenze nella geografia culturale del popolo russo. El' cin si proietta verso un patriottismo di stampo europeo dove si ritiene irrilevante e dunque eliminata per legge nel 1997, la presenza dell'etnia nel passaporto russo per evitare possibili forme di marginalizzazione. La scelta politica rappresenta la volontà di lasciare maggiore libertà decisionale alle diverse componenti, circa ottantacinque, che compongono l'universo culturale della Russia. Questa maggiore libertà ha determinato però il rischio di una minore integrità dello Stato russo. Alcune componenti

---

[38] Mara Morini. La Russia di Putin. Il Mulino - Upm - 2022 p. 105

hanno agito avviando processi nel segno del separatismo, come ad esempio i leader ceceni ed alcune élite locali, tanto che le frange separatiste, negli anni novanta ritenevano la parola "Rossijskij" come l'identificazione di un processo di de-russificazione con una graduale sottomissione della stessa etnia russa, consentendo alle minoranze di incidere politicamente con il rischio di minare l'unità dello Stato. Con l'arrivo del nuovo millennio questo algoritmo si è modificato nuovamente. Putin ritiene necessario riaccorpare la sensibilità patriottica dei russi agendo su una maggiore coesione ed unità della nazione. Questo nuovo contesto istituzionale, promosso dal nuovo Presidente, amplia i margini di consenso in favore della Presidenza della Repubblica, creando nuove basi solide per un rafforzamento delle preferenze per l'uomo di San Pietroburgo. Al di là degli eventi politici, la Russia resta tuttora una terra multietnica e multiculturale capace di esprimere anche nel nostro tempo quella varietà di espressioni tipiche di un popolo che è erede di una grande storia caratterizzata appunto da un grande passato che si ripresenta anche nell'oggi. Con il crollo dell'URSS la questione nazionale ritorna al centro del dibattito politico. Questo elemento è rappresentato da due distinte componenti:

a) APPROCCIO OCCIDENTALISTICO
b) APPROCCIO EUROASIATICO

Queste basi culturali si legano al periodo di passaggio tra il XVIII° e XIX° sec. d.C. "I primi, occidentalisti, sono rappresentati in origine da Caadaeve e Bakunin e chiedono di agire politicamente verso l'apertura di una "finestra geopolitica" verso l'Europa. I secondi,"[39] gli Slavofili hanno come riferimento le opere di Aleksej Chomijakov e Ivan Kirievskij, criticano la cultura liberale ed industrializzata ed idealizzano la Russia Pre-Petrina che esprime l'unicità e la purezza dei valori del popolo russo". in Russia il senso nazionale risulta un elemento di rilevante importanza per comprendere le dinamiche politiche, sociali e culturali della Federazione. Sicuramente il nazionalismo ed il senso patriottico risultano elementi unificanti tali da permettere al paese di rimanere coeso ed unito sotto la protezione di una Federazione politica rilevante. Altro elemento unificante nella Russia contemporanea è l'indiscussa leadership di Vladimir Putin. La Russia odierna si reputa l'unica nazione in grado di proteggere in profondità la cultura giudaico-cristiana, reputando i paesi europei dominati da un processo di secolarizzazione ed appiattimento dei valori culturali e primordiali della civiltà occidentale. In verità potrebbe essere più logico pensare che l'identità russa esprime una sintesi tra Oriente ed Occidente.

---

[39] Mara Morini. La Russia di Putin. Il Mulino - Upm - 2022 p. 113

Le Forme del Potere

Un'accurata analisi della gestione del potere politico russo viene descritta in maniera dettagliata dal Prof. Igor Pellicciari dell'Università Carlo Bo di Urbino. (Ordinario alla Facoltà di Scienze Politiche e titolare della cattedra di Storia delle Relazioni Internazionali). Pellicciari riassume i punti cardine dell'evoluzione del potere del Cremlino, dall'ascesa dello Zar russo ai giorni nostri. Un'analisi distante dalla propaganda istituzionalizzata del mondo occidentale concentrata a diffondere una versione della realtà che rispecchia le ragioni storiche, le ragioni politiche e culturali non della Russia contemporanea ma viceversa sulla riproposizione dello scontro del vecchio mondo bipolare. Viene descritta una Russia che ancora oggi sogna il grande Impero. La potenza sovietica che oggi non c'è più ma che è ancora viva nell'immaginario collettivo russo. Nello scritto si cita il termine *"Illusione ottica,"*[40] rappresentata certamente nella incapacità da parte dei media occidentali di spiegare la realtà dei fatti, facendo una fotografia del campo di guerra senza rappresentarne l'insieme. Il Prof Pellicciari suddivide questo concetto in due punti distinti: a) l'idea che Putin[41] sia l'unico responsabile della decisione di scatenare la guerra in Ucraina e, di conseguenza, di tracciarne il corso; b) la conclusione che

---

[40] Igor Pellicciari. 1., 2022. Spie, giuristi, diplomatici... e ora i militari, Chi influenza le decisioni a Mosca. La Russia negli affari globali 20 (3), pp.30-38. DOI. 10.31278/1810.
[41] Igor Pellicciari. 1., 2022. Spie, giuristi, diplomatici... e ora i militari, Chi influenza le decisioni a Mosca. La Russia negli affari globali 20 (3), pp.30-38. DOI. 10.31278/1810.

segue dal punto precedente è che l'uscita di Putin dalla scena politica è il modo più breve, se non l'unico, per fermare le ostilità. Queste due premesse[42] hanno ispirato molteplici analisti e commentatori. Questi elementi hanno rappresentato una visione da parte occidentale estremistica e difforme dal reale. In prima ipotesi i Governi occidentali credevano che Putin fosse affetto da malattie molto gravi. Per queste ragioni si apprestò a decidere di optare per una nuova guerra poiché il tempo a sua disposizione poteva essere limitato. Visto che la prima ipotesi risulta sostanzialmente infondata, gli stessi Governi occidentali si concentrano sulla convinzione che gli oligarchi, per l'eccesso di sanzioni, abbandonino Putin ed il suo potere. Anche questa teoria risulta fallimentare. Nessuna delle ipotesi sopra menzionate non si sono neanche lontanamente avverate. Semplificazioni a parte, queste interpretazioni sono riuscite ad unificare, invece, l'opinione pubblica occidentale sconvolta dallo scoppio di una vera e propria guerra nel cuore dell'Europa.[43] In definitiva l'Occidente dimostra di voler sostenere tutta una serie di azioni politiche su posizioni di fatti politico - militari che non si avverano. L'UE e gli USA dimostrano a chiare lettere, col passare del tempo, di non comprendere né le decisioni politiche del Cremlino né di conoscerne la natura culturale e sociologica della comunità russa. Una comunità

---

[42] Igor Pellicciari. 1., 2022. Spie, giuristi, diplomatici... e ora i militari, Chi influenza le decisioni a Mosca. La Russia negli affari globali 20 (3), pp.30-38. DOI. 10.31278/1810.
[43] Igor Pellicciari. 1., 2022. Spie, giuristi, diplomatici... e ora i militari, Chi influenza le decisioni a Mosca. La Russia negli affari globali 20 (3), pp.30-38. DOI. 10.31278/1810.

vastissima ma unita da un forte patriottismo legata al sogno dell'Impero Russo. Su questo preciso punto la distanza tra popolo russo e popolo americano è pari allo zero. Entrambi credono ad un sogno imperiale, entrambi hanno una visione della propria nazione molto più positiva di quanto vengano descritte nei libri di analisi politica e sociale ma ciò può essere ritenuto positivo. Questi popoli hanno ancora nel loro immaginario collettivo un sogno da poter perseguire. La gestione del potere in Russia pare risulti incomprensibile dal punto di vista occidentale. Dobbiamo considerare la vastità del potere pubblico composto da variegati apparati comunicanti. Il Prof. Pellicciari evidenzia in diverse circostanze i motivi per cui siamo lontani dal comprendere la logica dei russi. Come dimostrato in più occasioni l'Occidente arriva sempre in ritardo in merito alle decisioni politiche della Russia. *"Non riusciamo ad esprimere una azione che ci permetta di comprendere in anticipo le mosse del Cremlino."* Questo elemento non è riferibile solamente ad oggi ma ad una modalità di atteggiamento e di approccio istituzionale errato. A tale proposito è doveroso analizzare la teoria che idealmente divide i primi quindici anni dell'era Putin in tre fasi secondo i gruppi di servizio civile che hanno affiancato il Presidente russo. Le categorie che si sono alternate al potere sono le seguenti: l'intelligence, i giuristi e i diplomatici. Ed in ultimo, fase odierna, i militari che stanno coordinando l'attuale fase politico istituzionale del paese. Le élite sopracitate si sono comunque alternate al governo giocando in squadra. Non contrastandosi a vicenda ma, viceversa, collaborando in modo proficuo per raggiungere la sintesi migliore in riferimento al periodo politico ad esse collegato. Possiamo dunque ipotizzare che questi scambi di ruoli hanno creato una specie di alternanza politica all'interno delle istituzioni governative russe. Un elemento, questo, che dovrebbe far riflettere tutti gli studiosi di geopolitica e del pensiero politico. Troppo spesso infatti si definisce, con leggerezza, la Federazione Russa una "dittatura". Non c'è nulla di vero in questa espressione. La Russia, come ho già potuto affermare precedentemente, è di fatto una oligarchia fortemente condizionata da sistemi di potere consolidati. Il Presidente ha certamente un peso importante nella conduzione delle decisioni e degli eventi politici, tuttavia non può prendere decisioni unilaterali in solitaria. Tenendo conto che si tratta di periodi indicativi,[44] la prima fase comprende un arco temporale flessibile che parte dalla ascesa di Putin: (31.12.1999) fino alla Presidenza Russa del G8 nel 2006. La prima fase è dedicata all'azione dell'élite,[45] rappresentata dai servizi segreti ritenuti molto affidabili. Inoltre si afferma che i così definiti oligarchi ritenevano corretto demandare la gestione del potere politico a queste frange della società russa. Liberandosi di fatto della gestione del potere politico e questo elemento attesta un cambio di status, una nuova visione. In definitiva si ritiene legittimo e lecito inviare al governo delle ex spie. D'altronde è

---

[44] Igor Pellicciari. 1., 2022. Spie, giuristi, diplomatici... e ora i militari, Chi influenza le decisioni a Mosca. La Russia negli affari globali 20 (3), pp.30-38. DOI. 10.31278/1810.

[45] Igor Pellicciari. 1., 2022. Spie, giuristi, diplomatici... e ora i militari, Chi influenza le decisioni a Mosca. La Russia negli affari globali 20 (3), pp.30-38. DOI. 10.31278/1810.

risaputo che lo stesso Putin è stato un membro del Kgb. L'élite svolse un ruolo importante per proteggere la Russia dalle sirene estreme neoliberiste che precedentemente avevano esposto il paese in contesti difficoltosi a livello economico, portando la Federazione ad un passo dal collasso economico e finanziario. Per questi motivi credo sia stato opportuno valutare l'ingresso al potere delle "spie" come un qualcosa di abbastanza scontato tenendo presente, a bocce ferme, le dinamiche interne alla società russa. La seconda fase[46] politica del potere del Cremlino di Putin è rappresentata dall'intervento massiccio dei funzionari della PA russa. Gli interessi politici e sociali si stavano, in quel periodo, nuovamente modificando. Il capo del Cremlino riterrà opportuno dunque demandare il potere a queste persone. È necessario creare un consenso radicato e favorevole al Presidente. Per raggiungere l'obiettivo si lavora sui ceti medio bassi della società russa, evidentemente si ipotizzava, all'epoca, che se il popolo si unisce attorno al leader anche l'establishment ne può trarre un reale beneficio. Nella terza fase i poteri vengono trasferiti al comparto diplomatico. L'obiettivo da raggiungere nel nuovo contesto è di creare relazioni propositive con altri paesi. I diplomatici,[47] dando una nuova svolta al protagonismo russo in aree d'interesse geo-politico, utilizzano strumenti atti a creare e mantenere

---

[46] Igor Pellicciari. 1., 2022. Spie, giuristi, diplomatici... e ora i militari, Chi influenza le decisioni a Mosca. La Russia negli affari globali 20 (3), pp.30-38. DOI. 10.31278/1810.
[47] Igor Pellicciari. 1., 2022. Spie, giuristi, diplomatici... e ora i militari, Chi influenza le decisioni a Mosca. La Russia negli affari globali 20 (3), pp.30-38. DOI. 10.31278/1810.

un'intensa rete di relazioni bilaterali e multilaterali privilegiate con attori internazionali, anche opposti. Dall'Arabia Saudita, all'Iran, alla Turchia passando per Israele e l'organizzazione militare di Hamas ma soprattutto dall'India e dalla Cina. In riferimento alle relazioni internazionali di Mosca con Israele ricordo che questo legame è duraturo tanto da essere uno dei caposaldi fondamentali nel gioco delle tre carte[48] che analizzerò successivamente. In questo periodo Israele si presta a fornire a Mosca armi di alta tecnologia molto complesso per la Russia ed il mondo occidentale. Una chiara presa di posizione da parte del Governo israeliano. Questo elemento attesta che Mosca non è per nulla sola sulla scena internazionale. Anzi sta procedendo a pieno ritmo verso un processo che l'occidente, al momento attuale fatica a riconoscere. Le ragioni della guerra in Ucraina sono solamente il frontespizio di un libro agli occidentali ancora sconosciuto o non riconosciuto. Ad ogni modo, vi sono tutte le intenzioni da parte della Federazione Russa di ricreare nuovamente l'Impero Russo. Per ovvie conseguenze queste sono le reali intenzioni. L'obiettivo di creare un nuovo dinamismo internazionale alternativo agli Stati Uniti è evidente a tutti coloro che desiderano studiare la politica ed i processi ad essa collegati. Altro punto rilevante è la politica dell'aiuto utilizzato spesso in politica estera da parte della stessa Russia. Una modalità che sicuramente desidera mettere la Federazione in una posizione di ampia esposizione

---

[48] Igor Pellicciari. 1., 2022. Spie, giuristi, diplomatici... e ora i militari, Chi influenza le decisioni a Mosca. La Russia negli affari globali 20 (3), pp.30-38. DOI. 10.31278/1810.

internazionale in termini positivi, come per esempio, nel periodo del picco della pandemia da Covid 19. Il desiderio di aiutare le nazioni estere, in modalità anche diretta, esprime l'evidente desiderio della Russia di distinguersi rispetto al resto del mondo. La quarta fase è contestualizzata dalla presenza del potere militare al Cremlino. Questo processo è iniziato certamente prima dell'inizio della guerra in Ucraina. Basti pensare alle precedenti campagne militari di Crimea e Siria. È, dunque, abbastanza ovvio considerare che al momento attuale, vista la presenza dei militari al governo, Putin faccia oggettivamente fatica ad ordinare una ritirata dai campi di guerra in Ucraina. Certamente questa nuova fase è comunque molto diversa dalle precedenti, intenta a tutelare i principi patriottici della Russia rispetto ad un dialogo franco col mondo esterno. In questo scritto è possibile dedurre che molte decisioni prese dal Cremlino non sono altro che una sintesi delle volontà del popolo russo, dei centri di potere russi e di chi li rappresenta.

La Wagner ... e alcuni appunti sull'Europa

"La Wagner è una sorta di contractor para-statale, ovvero un soggetto privato la cui legittimità a operare dipende solo dal vertice politico (non militare) russo e ad esso risponde direttamente e integralmente. Il personaggio mediatico Prigozhin riproponeva una tecnica di comunicazione istituzionale che ruota attorno alla figura del "super falco"

battitore libero, in passato avuto da Vladimir Zirinovskij, interprete di un linguaggio volutamente truce, sopra le righe, non istituzionale."[49] Il "para-esercito" rappresentato dalla Wagner, ora in fase di scioglimento, era sostenuta in modo diretto dal potere politico del Cremlino. Infatti il supporto, anche mediatico, era avvalorato dalla politica e non dal potere militare russo. La relativa formazione è di natura privata. In ogni caso risente del forte statalismo e delle rigidità delle gerarchie istituzionali russe, culturalmente lontane dalla possibilità di delegare qualsiasi forma di potere a corpi estranei di non chiara e diretta espressione dell'apparato pubblico.[50] È chiaro che l'impostazione statuale, anche nell'approccio, in Russia è riconducibile alla precedente esperienza sovietica (URSS). Leggendo un articolo della rivista di Geopolitica Limes (n° 6/2023) ho riscontrato diverse osservazioni interessanti degne di attenzione in riferimento al rapporto tra la Wagner ed il Cremlino. Il Cremlino ha diverse milizie private, la Wagner è stata la più importante, le milizie servono per esporre in forma ridotta la Federazione in termini militari, il lavoro più sporco viene affidato ai piccoli eserciti privati sparsi in Russia. In riferimento alla Wagner ritengo necessario riportare letteralmente quanto segue: *"Nei disegni geopolitici del Cremlino, il loro diffuso impiego in Africa è mirato al controllo delle ingenti risorse minerarie (petrolio, miniere d'oro, uranio, terre rare) risorse che*

---

[49] Igor Pellicciari. Formiche, 189 – Marzo 2023
[50] Igor Pellicciari. Formiche, 189 – Marzo 2023

sovente costituiscono una forma di compenso dei mercenari, come accaduto in Siria con le riconquiste dei giacimenti petroliferi in mano ai ribelli oppositori di Al - Assad."[51] La forza dell'esercito riconducibile alla Wagner non poteva raggiungere l'attuale estensione se non vi era un reale sostegno da parte del Cremlino. Infatti la propria forza acquisita è direttamente proporzionale all'azione politica, attivata in suo favore dal vertice politico moscovita.[52] La Wagner dunque può essere ritenuta, per la Federazione Russa, un corpo estraneo. Una eccezione considerando le caratteristiche verticistiche del potere burocratico Russo. Alcuni osservatori occidentali hanno ipotizzato, all'inizio del "2023", la possibilità per Prigozhin di scalare politicamente i vertici del Cremlino. Secondo il Prof. Igor Pellicciari questa possibilità era lontana da qualsiasi ipotesi concreta e realizzabile all'interno dello schema istituzionale russo. La Wagner ha il proprio spazio d'azione perché è lo stesso Presidente Putin a ritenerlo opportuno. Diversamente questa contestualità non si sarebbe concretizzata viste le caratteristiche della stessa costituzione russa. Gli eventi che si sono verificati in particolare dal 24 06 2023, in merito al ruolo dello stesso "para esercito," stanno realmente mettendo in serio pericolo gli equilibri di potere presenti al Cremlino. Fino a che punto la Wagner collabora in questo momento con la Presidenza Putin? Potremmo ipotizzare che vi erano accordi sotterranei tra il Presidente e Prigozhin per

---

[51] Limes. Russia o non Russia 06/2023 da p. 79 a p. 88
[52] Igor Pellicciari. Formiche, 189 – Marzo 2023

destabilizzare e distrarre la stessa comunità internazionale. Sicuramente la Russia, visti i risultati sul campo di guerra risulta in difficoltà rispetto all'inizio del conflitto. A mio avviso la Wagner ha svolto un ruolo fondamentale per salvare il concetto di patriottismo russo, fornendo al popolo elementi d'orgoglio nazionale. L'esilio di Prigozhin in Bielorussa poteva risultare una anomalia perché non è esiliato in solitaria bensì è la stessa Wagner che è stata trasferita sotto il controllo di Lukashenko. A rigor di logica mi rendo conto che l'operazione non poteva essere gestita dalla Bielorussia senza il benestare o quanto meno la condivisione d'azione con il Cremlino. Si può a questo punto ipotizzare che la delocalizzazione può corrispondere alla creazione di un nuovo e futuro fronte di guerra dalla Bielorussia verso l'Ucraina. Se così sarà risulterà chiara la nuova complessità per la difesa dei territori in bilico da parte del governo di Kiev. In data 23 08.2023 il jet privato Embraer Ce Gacy 600 con numero di registrazione Ra - 02795 di proprietà del capo della Wagner Yevgeny Prigozhin è stato abbattuto dal "fuoco amico" della difesa area dal ministero che coordina l'esercito russo. L'attacco è avvenuto nel distretto territoriale di Govsky nella regione russa di Tver. Molti commentatori occidentali attribuirono questa contestualità al Presidente Vladimir Putin a seguito della tentata avanzata verso Mosca da parte della stessa Wagner come citato alcuni mesi prima. Lo stesso leader della milizia aveva rivolto, in modo pubblico, diverse critiche rispetto ai risultati, finora ottenuti dalla Russia, sul campo ucraino.

Ritengo molto nebulosa la versione dei fatti. Certamente chi cerca di attaccare il potere politico in Russia rischia la propria vita. L'unica riflessione che ritengo doveroso fare è che i rapporti tra la Wagner ed il ministero della difesa erano oggettivamente tesi da tempo. Non vi erano invece tensioni concrete tra il Presidente russo e la Wagner. Tenendo comunque presente che i rapporti tra le due istituzioni potevano essere ritenute riconducibili ad una reale collaborazione, pensare che Putin sia il mandante dell'accaduto non può essere ritenuta l'unica possibilità plausibile. Certamente non è corretto non ritenere l'ipotesi possibile ma quanto meno deve essere inserita in una rosa di possibilità diverse. Da quanto appare, la Wagner ha mosso le proprie truppe contro il Cremlino avviando il tentativo, non riuscito, di un ribaltone istituzionale a Mosca. Con questo la posizione degli Stati Uniti d'America si è modificata. L'Ucraina risulta meno importante ai fini strategici internazionali. Una Russia divisa, a ridosso di una guerra civile, risulterebbe decisamente più destabilizzante rispetto all'unità o non unità dell'Ucraina. Ritengo che la fornitura di armi occidentali a Kiev vedrà nel prossimo futuro una riduzione progressiva per ragioni geopolitiche ormai evidenti. Il supporto all'esercito ucraino non potrà essere permanente per questioni strategiche, di natura militare ed internazionale. Il nuovo schema bipolare tra USA e Cina risulta sempre più una necessità strategica per una nuova legittimazione delle potenze mondiali. L'Europa a tali fini è una prateria senza una propria vocazione. Assoggettata dal volere statunitense da un lato e dall'altro, come dicevano gli ZAR, contigua territorialmente alla Russia. L'Unione Europea non avendo un proprio esercito indipendente, non possedendo una politica unitaria capace di tutelare i propri interessi non può fare altro che sottostare alle direttive degli Stati Uniti d'America. Il continente europeo appare una vasta area economica e commerciale in assenza di sovranità propria. Nei fatti si è realizzata la sovranità monetaria, attraverso l'euro, ma senza attrezzare il continente ad una politica interna compiuta, sovrana e democratica. Le istituzioni europee, come concepite, non sono attualmente espressione di una democrazia moderna, manca il voto a maggioranza, l'approvazione dei regolamenti europei viene effettuata col voto unanime, non vi è la presenza del voto di fiducia da parte del Parlamento Europeo rispetto alla Commissione Europea (Governo UE). La NATO ha effettuato una azione di supplenza militare dal secondo dopoguerra impedendo la creazione di una sovranità militare definita a livello europeo. In definitiva la proposta avanzata da Spinelli a Ventotene non si è mai realizzata. Quest'ultimo aveva stilato l'unico modello politico e istituzionale possibile per permettere al continente un processo di reale pacificazione duratura e modernizzazione. A mio parere la proposta risulta oltre che fattibile ancora valida e sarebbe certamente funzionale per la concretizzazione di una nuova era europea. Oggi però, oscurata dal conflitto ucraino e dai diversi interessi contrapposti a livello globale l'UE esercita un ruolo di secondo ordine e questo deve essere ritenuto un problema concreto per il futuro del nostro popolo. Ulteriori possibilità d'integrazione sono oggettivamente più complesse e difficili da realizzare in riferimento al nuovo fronte di guerra scoppiato ad Ottobre 2023 in Medio Oriente. Quest'ultimo conflitto altro non è che una estensione della precedente, guerra russo-ucraina, con il chiaro obiettivo di mettere in difficoltà il potenziale militare della NATO e degli U.S.A.

CAPITOLO QUARTO

"Aggressivamente colpita dai regimi sanzionatori occidentali, Mosca cerca nuove alleanze e nuove modalità per aggirare i pacchetti sanzionatori sempre più complessi e restrittivi a tutela del proprio tessuto economico. Nel capitolo verranno rappresentate le varie strategie che la Russia ha ritenuto opportuno adottare in collaborazione con i propri alleati".

Nel 2014 Vladimir Putin durante l'importante evento internazionale del Valdai Forum di Mosca affermò la necessità di avviare un cambio di algoritmo nella gestione delle relazioni internazionali gettando le basi per una nuova primavera per la Federazione Russa. In sintesi la Russia intende. *"La Federazione Russa forte[53] del sostegno degli altri paesi contrapposti al predominio occidentale sta cercando di far emergere sullo scenario mondiale le proprie istanze in riferimento ad un ampio numero di temi cruciali del diritto internazionale. Caratterizzato da approcci riequilibrativi più che prettamente revisionisti nonché del tutto opposto alle tensioni globalizzanti e desovranizzanti oggi presenti in occidente".* La Russia infatti promuove una concezione classica del concetto di

---

[53] Matteo Fulgenzi. La guerra delle sanzioni. L'Unione Europea e la Federazione Russa nell'era dell'interdipendenza economica globale – 2021 (PU) - Il Cerchio – Iniziative editoriali. p.194

sovranità statuale coniugata al diritto d'essere di ogni nazione e di potersi difendere da indebite ingerenze. Si ritiene necessario proteggere gli interessi nazionali. In riferimento alla Federazione Russa si menziona anche la tutela della propria sfera d'influenza regionale.[54]Il tentativo ha lo scopo di cercare di portare il mondo, come descritto più volte nel testo, da un blocco globalistico nei diversi ambiti, ad un approccio quantomeno bipolare o più probabilmente multipolare come avvenuto per lungo tempo nel periodo temporale della guerra fredda. È immaginabile che con tale auspicio Mosca desideri imporsi come nazione capofila per la costituzione di questo nuovo ordine con la consapevolezza di essere la nazione giusta per interpretare le necessità ed i bisogni dei paesi emergenti, in via di sviluppo, che certamente non possono accettare il predominio totale, a livello globale da parte degli USA e dell'UE. Un ordine che colloca in modalità quasi definitiva la Federazione Russa verso l'Oriente. È abbastanza congruo ipotizzare che tutte le evoluzioni politico-militari stiano rafforzando la propria impostazione strategica. Si immagina, infatti, che questa evoluzione geopolitica abbia avuto il suo primo inizio proprio nel 2014 rafforzandosi nel 2022 con l'invasione russa in Ucraina. Si è, dunque, delineato un dinamismo diverso tra gli elementi di forza in gioco che nel prossimo futuro non potranno fare altro che

---

[54] Matteo Fulgenzi. La guerra delle sanzioni. L'Unione Europea e la Federazione Russa nell'era dell'interdipendenza economica globale – 2021 (PU) - Il Cerchio – Iniziative editoriali. p.194

rafforzarsi. Giuseppe Sacco, su Limes di Aprile 2022,[55] delinea le ragioni per il quale il leader russo ha ritenuto opportuno avviare il conflitto in Ucraina. Tutto nasce da una profonda delusione di Putin verso alcuni partner occidentali oggi rivali. Con l'arrivo degli anni 2000, molti equilibri geopolitici si modificano. Mosca, antica antagonista degli USA nella guerra fredda, modifica il proprio approccio ritenendo strategico cercare nuovi asset per una nuova collaborazione con il mondo occidentale. È probabile che il desiderio più sentito dal nuovo Zar, all'epoca, era di aderire alla NATO e alla stessa Alleanza Atlantica a pieno titolo. La Federazione Russa poteva ora avere il diritto - dovere di attuare un nuovo passaggio evolutivo nel complesso scacchiere geopolitico. Lo testimonia la preoccupazione di Putin quando le Torri Gemelle ed il Pentagono vengono colpiti l'11 settembre 2001. Con un successivo attivismo della Russia che si pone in prima linea contro il terrorismo islamico internazionale. Per certi versi molto più marcato ed incisivo rispetto a diversi paesi europei. L'esempio più evidente si verifica con lo scoppio della seconda guerra del Golfo avviata dalla NATO verso l'Iraq. L'atteggiamento di Francia e Germania risulta ostile. La negazione e la contrarietà da parte USA rispetto al progetto d'integrazione della Federazione hanno certamente costruito la strada del non ritorno. Aprendosi al desiderio della conquista di nuovi territori una volta in buona parte appartenenti all'URSS. Molto probabilmente le

---

[55] Giuseppe Sacco. Limes. Il caso Putin; 04/2022. da p. 105 a p. 113

negazioni USA hanno sicuramente fatto ripensare il leader russo su come avrebbe dovuto essere il ruolo del paese più vasto al mondo. Lo stesso territorio, che potrebbe essere, decisivo nel gioco della primazia e del graduale spostamento di crescenti interessi economici da Ovest verso Est nel nuovo millennio. Fa certamente discutere il massiccio riarmo della Germania. Duecento miliardi investiti solo nel 2022 ed un impegno annuo negli anni a venire, di ben il 2% del Pil germanico. Un atteggiamento questo che non si notava ormai da decenni in Europa. È doveroso e legittimo porsi dunque qualche domanda. Cosa è e cosa significa questo nuovo riarmo progressivo della Germania? una tutela vista la guerra in atto nel cuore dell'Europa? Oppure un parallelo interesse tedesco di nuova conquista per vecchi territori? Se pensiamo alla Gallizia potrebbe essere una valida ipotesi combinata a motivazioni minori. La Gallizia terra appartenente dal 1772 alla corona austriaca a seguito della prima spartizione della Polonia con la sezione VSUD occidentale, nel 1795 divenne un regno sotto il dominio degli Asburgo. Nel 1804 divenne parte integrante dell'Impero austriaco. Molto probabilmente questa annotazione può restare una supposizione o al contrario potrebbe diventare una nota importante per comprendere le possibili forze centrifughe che stanno coinvolgendo l'Europa in questo periodo storico.

La Forza dei Valdai Forum Club

Vladimir Putin interviene presso il Valdai Forum Club,[56] del 2022, affrontando la problematica più importante del nostro tempo. Ovvero, il tentativo di una sempre più vasta uniformità culturale economica e sociale da imporre al mondo intero da parte del blocco occidentale con a capo la leadership della Casa Bianca. Il leader russo si sofferma sui principi costitutivi della cultura occidentale definiti dallo stesso Putin condivisibili, ma al momento ridimensionati dagli atteggiamenti di una certa élite all'interno dell'Occidente stesso. La nuova élite cerca con successo di portare alla negazione dei principi fondativi del pensiero liberale. Secondo il Leader del Cremlino, l'élite al potere in Occidente desidera imporre al globo un nuovo ordine mondiale con fonte ispiratrice in USA che non considera le differenze, le ispirazioni variabili delle singole persone e delle comunità. È verosimile e doveroso pensare che i concetti di libertà prevedono principalmente il rispetto di diverse forme di Governo e gestione del potere politico e militare. Ma è certo che la prima azione d'invasione dell'Ucraina sia stata creata dai russi? Oppure possiamo ipotizzare l'invasione russa come una possibile azione difensiva? Come una conseguenza di azioni effettuate alcuni anni prima? Come affermato dal Prof. Orsini, la Russia ha proposto all'Ucraina

---

[56] Valdai Club. 28.10.2022, incontro con i capi di Stato e di Governo non occidentali.

almeno due tentativi di pace tra il 2022/2023 per arrivare ad un concreto cessate il fuoco. Diversi tentativi sono stati fatti da ambo le parti. L'unica vera riflessione che merita una annotazione è per quale motivo gli USA desiderano nuovamente cercare di sconfiggere la Russia a guerra fredda conclusa? È chiaro che non avere più questo ostacolo verso l'Indo-Pacifico potrà essere più facile controllare i movimenti di India e Cina. Paesi che non hanno alcun desiderio di americanizzarsi, anche se l'India non risulta antiamericana come invece lo è la Cina. Il controllo del mare e degli stretti commerciali sono determinanti per realizzare un nuovo stato di potenza in questi luoghi così diversi e lontani. Tuttavia, la comunità occidentale non ha voluto prendere in considerazione questo importante aspetto per arrivare ad una svolta nel conflitto. Secondo uno scritto del politologo Heribert Dieter, sulla rivista di geopolitica Limes,[57] nella quale si afferma che per l'economia occidentale ci saranno momenti difficili e complessi soprattutto in merito al fatto che l'Occidente non è più abituato a crisi economiche e sociali di questa portata. Diversamente la Russia, come dimostrato dalla storia contemporanea è abituata a convivere in contesti di limitazione non solo dal punto di vista economico e commerciale ma soprattutto culturale. I russi sono abituati da tempo a vivere con un target medio basso tenendo comunque presente che dal 2000 al 2008 (crisi di natura finanziaria 2008) la Federazione Russa grazie alla forte esportazione di materie prime verso l'estero ha registrato

---

[57] Heribert Dieter. Limes, l'ombra della bomba - 09/2022 - da p. 133 a p. 136

una crescita media del Pil di circa l'8% annuo. Limes infatti cita che la guerra in Ucraina non è altro che una guerra economica, come affermato anche da Bruno Le Maire, ministro dell'economia francese. Una guerra che non sta portando però ai risultati sperati. Infatti Mosca nel 2022 ha registrato un aumento di esportazioni di gas e petrolio di ben 5,5 miliardi di dollari in più al mese rispetto allo stesso periodo del 2021. Viceversa, secondo Dieter, l'Europa e altri paesi stanno pagando un prezzo molto alto in termini di crescita economica; per aver imposto questi nuovi pacchetti di sanzioni alla Federazione Russa. La Germania ne è l'esempio lampante. Nel 2023 la sua capacità di crescita è decisamente ridimensionata. Rischiando di trascinare tutta l'eurozona in una crisi senza precedenti. Una crisi riconducibile ai fatti avvenuti nel lontano 1929. I provvedimenti sanzionatori si stanno rivelando sempre più un errore per le economie occidentali che le hanno imposte. È comprensibile pensare che la saggezza istituzionale dovrebbe portare alla riduzione progressiva di queste sanzioni? Questo dovrebbe servire a salvaguardare gli interessi economici e commerciali dell'Europa occidentale. Su Limes viene affermato che è stata fatta una sottovalutazione, da parte di alcuni paesi, sulle conseguenze delle restrizioni economiche, del 2022, e sulla capacità della Russia di aggirare il processo sanzionatorio avviato con lo scoppio della guerra in Ucraina. Questi ragionamenti di contrarietà ai regimi sanzionatori trovano riferimenti storici nel secolo scorso. Infatti vennero applicate sanzioni già nell'ottobre 1919 per ridurre la possibilità di espansione del movimento Bolscevico proprio in Russia. Elementi del passato che, al contrario, potrebbero proprio oggi rafforzare, dall'interno, il potere del Cremlino. Al di là dell'esito finale della guerra in corso. Si potrebbe verificare una maggiore compattezza interna alla Russia proprio perché le sanzioni potrebbero essere ritenute ingiuste. Clamorosa ma verosimile l'affermazione del Ministro Sergej Lavrov fatta alcuni anni orsono ai britannici: *"Noi russi sappiamo soffrire come nessun altro ..."* Visto dall'esterno, comunque, l'Occidente viene percepito come un aggressore non come un portatore di pace. Lo rese già noto lo storico britannico Amold J. Toynbee nel 1952. Per quanto riguarda il 2022 i paesi emergenti, come per esempio l'America Latina, l'Africa l'India, la Cina, non hanno ritenuto utile applicare le sanzioni alla Federazione Russa ritenendole compromettenti per le loro economie. Al contrario viene rafforzato il rapporto di interscambio tra la Russia e paesi sopra citati. Il prof. Dieter, afferma che le sanzioni sono state estese anche a livello finanziario e si riscontra che in particolare i paesi inglobati nello schema dell'OCSE ne stanno subendo le conseguenze più negative. Questo anche, perché, i depositi monetari interni di questi paesi sono sostanzialmente marginali. Cosa diversa è stata applicata nei paesi non OCSE come per esempio la Cina e la Federazione Russa che hanno accantonato nel tempo diverse quantità di denaro per fronteggiare i possibili attacchi speculativi di natura finanziaria esterna. Inoltre possiamo concepire le sanzioni come l'avvio di una guerra economica e commerciale che, come già avvenuto in passato, potrebbe dare il via ad una nuova escalation militare di proporzioni decisamente più ampie. Ribadisco, infatti, che l'attuale escalation tra Hamas ed Israele sono probabilmente una parziale conseguenza della guerra russa - ucraina tenendo conto delle alleanze strategiche tra i diversi attori in gioco a favore o contro la Russia.

Gli Effetti della Triangolazione

"Colpita dalle sanzioni Mosca[58] ricorre ad un sistema di triangolazioni per impossessarsi dei beni necessari per far fronte allo sforzo bellico. La funzione delle zone franche emiratine, la carenza di droni e le deludenti forniture iraniane. La Cina è sullo sfondo ed ha un ruolo chiave."

Nicola Cristandoro su Limes di settembre 2022 contestualizza la posizione della Russia a più di sei mesi dall'inizio del conflitto in Ucraina. Visto il particolare contesto nell'andamento della guerra Mosca cerca di attivare un nuovo meccanismo di interscambio commerciale. Se in precedenza, questi strumenti, venivano forniti alla Russia con tradizionali scambi con l'Occidente, ora la Federazione Russa, si trova a dover sottoscrivere accordi di natura commerciale con altri partner. Questo nuovo elemento viene catalogato da Nicola Cristandoro come il gioco delle tre carte

---

[58] Nicola Cristandoro. Limes, l'ombra della bomba - 09/2022 - da p. 137 a p. 142

e a tale merito è da considerare l'azione della società Vig Custums S.r.l. con sede principale a Mosca. Nel sito della società si cita: "La Vig Custums S.r.l. dispone di un ampio magazzino per lo stoccaggio di merci. L'obiettivo aziendale è di far arrivare via mare, via aereo, via treno, in Russia merci provenienti dalla Cina, dalla UE, dall'Asia, etc." Le merci cinesi passano attraverso i porti di Vladivostok, San Pietroburgo, Kotka, Riga e attraverso il Kazakistan. Quest'ultima effettua trasporti verso la Federazione Russa via treno. Secondo il fondatore di Vig Custums S.r.l. è scontato rilevare che la guerra ha rafforzato in modo quasi assoluto i rapporti commerciali tra la Federazione Russa e la Repubblica Popolare Cinese. Un rapporto definito ormai imprescindibile sia per il gigante asiatico sia per la stessa Federazione Russa. Lo testimoniano la moltitudine di contratti sottoscritti in merito alle forniture di gas e petrolio da parte di Mosca verso Pechino. Questo aspetto testimonia il cambio strategico della politica energetica a livello globale. In epoca precedente la Russia ha agito come prima sostenitrice della crescita economica dell'UE, oggi lo è e lo sarà per la Cina aggiungendo, però, che la Repubblica Popolare Cinese sta attraversando il primo e vero periodo di crisi dall'inizio del proprio boom economico. Sarà la nuova generazione a fare i conti, dopo diversi decenni di crescita a due cifre, con emergenti sacche di disoccupazione. Questa contestualità, prima del Covid 19, poteva essere ritenuta impensabile. Se il non positivo andamento economico del nuovo biennio 2023/2024 non si ridimensiona, riprendendo la strada, nel gigante asiatico, di una nuova crescita il potere politico potrebbe scricchiolare creando dinamiche, anche internazionali, inimmaginabili. Resta il fatto che attualmente le merci non ancora sanzionate transitano attraverso i paesi baltici[59] Paesi definiti strategici. È evidente che, se in futuro, la politica di queste aree dovesse per diverse ragioni modificarsi, escludendo completamente i transiti di merci dalla UE verso la Federazione Russa, si accentuerebbe ancor di più una problematica economica che col passare del tempo sta creando diverse criticità all'economia europea. I paesi baltici, in particolare la Lituania, sono un concentrato di porti marittimi e magazzini di stoccaggio molto importanti nello scacchiere internazionale a livello commerciale. Merci che transitano proprio verso la Russia. Il Cremlino per evitare un blocco di forniture dai paesi UE ha pensato di far dirottare le merci verso gli Emirati Arabi. Solamente in un secondo momento le stesse verrebbero convogliate verso la Federazione Russa. Da questa descrizione si comprende che, in questa fase storica, gli Emirati stanno svolgendo un ruolo importantissimo sul gioco geopolitico internazionale. Una testimonianza della capacità difensiva di Mosca in ambito commerciale. Infatti la merce statunitense ed europea viene inizialmente dirottata nella zona franca di Dubai e solamente in una fase successiva vengono trasferite alla Federazione Russa. A riferirlo sono gli esponenti della stessa società Vig Customs S.r.l. di Mosca. Confermano di utilizzare questa modalità creativa per dare la possibilità alla Russia di non

---

[59] Nicola Cristandoro. Limes, l'ombra della bomba - 09/2022 - da p. 137 a p. 142

ridimensionare le proprie aspettative commerciali. Dalla descrizione si comprende che gli Emirati stanno, come già citato in precedenza, svolgendo un ruolo dichiaratamente pro Russia. Neutralizzando in buona parte gli effetti negativi delle sanzioni approvate a Bruxelles. Solitamente le merci statunitensi via aereo raggiungono la Russia in circa sette giorni. I tempi raddoppiano se il trasporto viene fatto con le altre modalità. Circa quindici giorni. I percorsi delle merci, in partenza dagli USA e UE verso Mosca, per l'attuazione e concretizzazione della triangolazione, sono solitamente due:

a) USA – UE – EAU – TURCHIA – RUSSIA
b) USA – UE – EAU – IRAN – RUSSIA

È evidente che l'atteggiamento di non collaborazione con l'UE da parte di Turchia e dell'Iran, sulle sanzioni permette a Putin di vivere le restrizioni imposte dai paesi occidentali con meno tensione. Riuscendo, con il gioco delle tre carte, come affermato da Cristandoro, dimostra al mondo di essere capace di aggirare le limitazioni imposte. Evidenzio che la Turchia si sta muovendo come un vero e proprio gigante geopolitico. Riuscendo a fare i propri giochi d'interesse sia con l'Occidente sia con la Russia. Un ruolo orchestrato con scaltrezza che poteva essere il ruolo dell'Italia se le posizioni antirusse risultavano meno rigide e ostili. Abbiamo deciso di rinunciare alla nostra vocazione legittima di primo paese del Mediterraneo. Una posizione che poteva permetterci il lusso di restare amici degli USA ed in contemporanea di continuare a beneficiare della amicizia storica che l'Italia ha saputo coltivare e costruire per lungo tempo con Mosca. Ritengo le decisioni prese dai Governi Draghi e Meloni sulla guerra e sulle sanzioni alla Federazione Russa improprie ai fini del benessere della nostra economia. Considerando la nostra effettiva incapacità di produrre l'energia necessaria per il reale sostentamento delle attività nazionali.

Il Recupero dei Droni

Per quanto riguarda il recupero di droni Mosca si è rivolta certamente a più possibili partner. L'Iran resta comunque il fornitore più importante. Nel merito è anche stato stretto un accordo tra la ditta israeliana "Israel Aeuropace Industries" che ha accolto favorevolmente la proposta del Cremlino di fornirli droni e materiali in grado di difendere in maniera anticipata il campo di guerra. La collaborazione tra Russia ed Israele è comunque un processo ormai consolidato che procede senza ostacoli dal 2010.[60] Mosca infatti si è rivolta nel tempo a diverse ditte di produzione di armamenti negli anni. Mosca sfrutta la posizione dell'Uzbekistan, paese membro dell'Unione Economica Euroasiatica (UEE) creando nuove società sul suo territorio e ottenendo le componenti necessarie per le proprie forze aeree. Interessanti da rilevare sono le collaborazioni con la società di Hong Kong Medipost Trading Limite costituita nel 2015 dopo l'imposizione delle

---

[60] Limes. Tutto un altro mondo. 10/2022

precedenti sanzioni per l'occupazione, da parte russa, della Crimea. Una società, la Medipost Trading Limited, capace di fornire assistenza non solo in ambito della riparazione ma anche in termini di assistenza legale ed amministrativa. È più che evidente che queste collaborazioni, da parte di Mosca, con questi partner potrebbero aprire ad un nuovo blocco economico dove l'Occidente non potrebbe fare molto. Troppo ampie le nuove dinamiche, gli interessi coinvolti, i volumi commerciali, le dimensioni dei paesi, la quantità numerica della popolazione in continua crescita. La forza di una economia emergente e la voglia di emergere e vincere. Questi sono i punti di svolta che, forse molto probabile, hanno spinto la Russia a dichiarare una nuova guerra all'Ucraina proprio nel cuore dell'Europa. La guerra russo-ucraina ha visibilmente rimescolato i giochi geopolitici nello scacchiere internazionale favorendo un processo chiamato Friend Shoring.[61]Ovvero una nuova logica che abbandona gradualmente il processo globalistico per sostituirlo con uno sostanzialmente inverso che progressivamente porterà al mondo multipolare in ambito economico commerciale. Suddiviso essenzialmente in tre aree economiche principali. USA, Cina, India. Questo meccanismo del futuro è composto da blocchi affini politicamente e gli stessi blocchi sono rappresentati dagli Stati che condividono quantomeno la stessa logica politica. La guerra in Ucraina sta definendo una nuova geometria istituzionale che nel recente passato era inimmaginabile. Questo processo potrebbe iniziare a

---

[61] Emiliano Brancaccio. Democrazia sotto Assedio (Articolo)

rappresentare quel nuovo mondo bipolare che inesorabilmente avanza. Paesi come l'Italia però, anche in guerra fredda, hanno mantenuto nel tempo rapporti propositivi con l'ex URSS prima e con la Federazione Russa poi. Lo attestano diversi contesti. In primo luogo vi è la collaborazione tra ENI e Gazprom nella gestione del gasdotto presente nel Mar Nero che fornisce o forniva il Gas alla Germania. Senza considerare tutti i processi di collaborazione tra le due potenze su molti progetti condivisi. Ovviamente questo non mette in discussione la nostra appartenenza all'Alleanza Atlantica espressa come noto nel tempo garantita da diversi governi. In definitiva l'attuale contesto geopolitico ha messo in crisi i precedenti rapporti di forza tra Russia ed Italia. Questo è riferibile sulla base politica. In merito ai puri rapporti economici vi è un graduale logoramento nel tempo. Si deve tenere presente che circa un anno fa, fine 2022, Confindustria ha espresso posizioni nella continuità mantenendo rapporti di cooperazione con la Federazione Russa. Nel nostro tempo si sta realizzando uno scollamento tra politica ed affari commerciali ed industriali. L'ex primo Ministro italiano Mario Draghi ha confermato più volte al Presidente ucraino di voler operare verso un allontanamento progressivo, anche in termini commerciali, da parte del nostro paese. C'è da chiedersi se queste scelte siano realmente funzionali all'economia dell'Italia o viceversa lesive, tenendo in considerazione alcuni settori strategici della nostra economia come il turismo, il comparto manufatturiero, la produzione e commercializzazione delle calzature per e verso la Russia. Si trovano riferimenti sostanziali su una sofferenza di queste imprese dall'avvio della guerra. In particolare le fabbriche di scarpe marchigiane si sono ritrovate con forti cali di richieste da parte della Federazione Russa con evidenti riduzioni di fatturato nell'immediato. La dipendenza dell'Italia rispetto alla stessa Federazione Russa in merito all'approvvigionamento del gas nel 2022 a messo a dura prova il nostro settore produttivo, al di là degli accordi internazionali del 2023 sul gas sottoscritti dal governo italiano con altri paesi fornitori. La semplicità ed economicità delle forniture russe del gas non sono comparabili. L'accordo con la Russia risulta tuttora il più efficace per il sostentamento energetico del nostro paese. Dunque a seguito di quanto scritto ritengo i Governi Draghi e Meloni non adatti a difendere gli interessi nazionali senza destabilizzare equilibri di amicizia e alleanze storiche con le altre potenze. In definitiva mi risulta che l'ultimo politico di equilibrio, in tal senso, sia stato proprio l'ex Presidente del Consiglio On. Silvio Berlusconi capace di far dialogare gli USA e la Federazione Russa come mai prima era avvenuto. Mettendo così fine alla guerra fredda con l'accordo storico avvenuto nel 2002 a Pratica di Mare. Questi sono elementi validi che permettono ad un paese di essere orgoglioso nel mondo. I risolini, le battute non degne degli altri leader all'epoca dimostravano l'invidia di alcuni verso il nostro paese che a quel tempo primeggiava. Dimostrando al mondo di saper esercitare una politica estera di alto profilo e capace di creare il dialogo tra storici opposti. Esercitando altresì un atteggiamento internazionale in linea con l'art. 11 della costituzione italiana.

Problematiche Economiche

Gli studiosi di geopolitica rilevano che il nostro paese, in assenza di un progetto europeo comune sull'energia, si sta dirigendo verso una crisi economica che, sommata all'evento precedente del Covid 19, potrebbe comportare una forma di deindustrializzazione del nostro sistema produttivo. Alcuni studi realizzati nel 2022 hanno analizzato l'andamento dell'inflazione nella zona euro ipotizzando una crescita della stessa inflazione nel 2023 avvicinandosi alla soglia del 15% circa su base annua. Compromettendo il potere d'acquisto dei lavoratori a stipendio fisso. Il possibile rischio è stato parzialmente circoscritto con aumenti dell'Euribor da parte della BCE. Ovvero i tassi d'interesse sui prestiti bancari hanno visto una crescita mai riscontrata finora dalla introduzione della moneta unica. Tutti questi elementi sono la base di partenza per il consolidamento del meccanismo del Friend Schering. Un nuovo sistema, come abbiamo visto, di blocchi economici più affini a livello politico in contrasto con la logica globalistica che ha prevalso negli ultimi decenni a livello mondiale.

Sanzionismo: Aspetti Positivi e Negativi

Il Prof. Francesco Giumelli[62] analizza a bocce ferme, in modo razionale, la funzionalità delle sanzioni nei lati positivi e negativi nonché le diverse caratteristiche da esse possedute. Lo stesso Dott. Giumelli afferma che la Federazione Russa è stata sanzionata dalla UE già nel 2014 per le questioni legate al Donbass nonché alla successiva annessione, al suo territorio, della Regione autonoma della Crimea. Ritenuta azione non legittima dai paesi occidentali avendo sovvenzionato, nello stesso periodo, i ribelli del Donbas che vengono sostenuti militarmente da Mosca contro Kiev. Questi elementi hanno indotto l'UE ad approvare sanzioni politiche su persone singole, imprese ed enti che hanno favorito i processi sopra citati. Studi alla mano, queste sanzioni non hanno creato vere crisi commerciali alla UE visto il trend di crescita in riferimento alle esportazioni del 2016. Si noti che l'Italia in quegli anni iniziò ad aumentare i volumi commerciali con Mosca. Il Dott. Giumelli spiega anche che quando quei determinati pacchetti di sanzioni, vengono sospesi, la Federazione Russa toglierà anch'essa le contro sanzioni. I fatturati delle nostre imprese verso la Russia ricominciano a crescere. Inoltre, bisogna riconoscere che gli USA all'epoca non hanno ritenuto necessario, sanzionare l'apparato bancario europeo, se vi fossero stati chiari rapporti di interscambio col sistema bancario russo.

---

[62] Quanto sono utili le sanzioni? L'Italia, la Russia e l'Unione Europea di Francesco Giumelli in collaborazione con la Camera dei Deputati ed il Senato della Repubblica. Parlamento Italiano. (Articolo)

Tali elementi hanno certamente costituito le basi per una rinnovata stabilità monetaria ed economica. A questo punto, le sanzioni si trasformano da complessive a mirate. Le sanzioni mirate hanno come obiettivo di contenere le conseguenze negative sulle persone che non sono direttamente coinvolte nei fatti. Le sanzioni mirate dunque hanno lo scopo di circoscrivere il costo degli attori che al contrario sono responsabili delle politiche che vogliono modificare o far cambiare i governi a loro sgraditi. Solitamente, le caratteristiche delle sanzioni mirate sono rappresentate da blocchi commerciali sul commercio di armi, dalle limitazioni di movimento di alcuni prodotti specifici e da una politica più restrittiva dei visti. Queste azioni sanzionatorie limitano concretamente la possibilità di movimento di alcuni individui e comprendono singole merci e tipi di prodotti oppure possono anche riguardare territori circoscritti con ampiezze limitate. L'altra forma di sanzione che viene menzionata dal Prof. Giumelli è la complessiva. Quest'ultima è utilizzata come preludio o alternativa alla guerra. Le sanzioni mirate, in realtà, facilitano l'accessibilità allo strumento sanzionatorio. È fuori discussione che questo strumento sia stato utilizzato per ragioni politiche ed umanitarie al fine di favorire o rafforzare l'evoluzione democratica di diversi paesi nel mondo. Tali sanzioni sono costituite per convincere i Governi colpiti o coinvolti a cambiare, a ripensare, sulle decisioni politiche prese in precedenza senza l'utilizzo di armi. Le sanzioni possono essere esse stesse considerate come una forma intimidatoria imposta da alcuni Governi verso altri e sono solitamente i paesi occidentali ad imporle cercando, per esempio, di esportare la democrazia in aree del mondo sostanzialmente estranee a questi principi. In altre occasioni, per raggiungere l'obiettivo medesimo si è passati direttamente alla guerra. Inoltre, bisogna considerare l'introduzione di sanzioni per limitare o circoscrivere il territorio internazionale. Alcuni esempi sono riferibili alla Libia, all'Iran e alla costituzione dello Stato Islamico in Siria. Quest'ultima devastata da una guerra cruenta per la conquista del Califfato. È risaputo che le truppe della NATO abbiano aiutato tutti coloro che si opponevano alla imposizione della legge islamica. L'esito finale, però, testimonia che in Siria ed Afganistan l'Occidente abbia perso la guerra. In riferimento al terrorismo internazionale possiamo ricordare le sanzioni approvate contro l'organizzazione terroristica di Al Qaida per limitare il suo potenziale militare e terroristico nel mondo. Più discutibile è invece l'introduzione di sanzioni per abbattere regimi politici non graditi. Per valutare l'opportunità del mantenimento o della cancellazione del regime sanzionatorio bisogna considerare le conseguenze di ciascuna decisione, ponderando i vantaggi o gli svantaggi qualora si decidesse di mantenere o sciogliere il sistema. È una questione di opportunità. Questa serie di interrogativi ci potrebbero far comprendere quale dovrebbe essere la scelta più idonea in riferimento al contesto del momento e sottopesando i pro e i contro di ciascuna ipotesi. A tale proposito l'autore afferma che le sanzioni possono rappresentare un elevato costo per l'economia di un paese. A tale riguardo è auspicabile fare una adeguata valutazione dell'opportunità di avviare un processo che inevitabilmente risulterà dannoso per l'economia e le popolazioni colpite. Il primo organo legittimato ad attivare processi di natura sanzionatoria è sicuramente l'ONU.[63]Per deliberare i provvedimenti è necessaria una maggioranza di nove voti favorevoli su un totale di 15 membri. Inoltre, sempre in riferimento all'ONU, bisogna avere il parere favorevole di tutti e cinque gli Stati che possono esercitare il diritto di veto. Cina, Francia, Gran Bretagna, Russia e USA. Ciò significa che, se una di queste nazioni è contraria all'approvazione di questi documenti, la proposta decade. Ovviamente esiste una libertà per i singoli paesi di rafforzare i pacchetti sanzionatori, la cosa importante è che venga mantenuta una logica di continuità con i provvedimenti approvati dall'ONU. La stessa organizzazione internazionale ha istituito degli organismi che tutelano persone e organizzazioni private colpite dalle sanzioni. Questo è un aspetto decisivo per la salvaguardia dei diritti umani nel mondo. Si può dedurre l'articolata complessità della democrazia all'interno dell'ONU. Ci tengo a rendere noto, al di là delle regole, la mia personale contrarietà ad ogni forma di veto ritenendolo antidemocratico e basato sulla "legge di Hobbes ovvero la legge del più forte: Homo Omini Lupus" Gli Stati membri dell'UE[64] si avvalgono della libertà di applicare metodi

---

[63] Quanto sono utili le sanzioni? L'Italia, la Russia e l'Unione Europea di Francesco Giumelli in collaborazione con la Camera dei Deputati ed il Senato della Repubblica. Parlamento Italiano. (Articolo)
[64] Quanto sono utili le sanzioni? L'Italia, la Russia e l'Unione Europea di Francesco Giumelli in collaborazione con la Camera dei Deputati ed il Senato

sanzionatori visto il riconoscimento della sua estensione geopolitica ed economica-commerciale. In tale materia l'UE delibera solamente se vi è la condivisione di tutti gli Stati membri. In realtà da quanto ho potuto apprendere l'Unione Europea porta con sé questo principio in tutte le materie nella quale è chiamata a legiferare. Un atteggiamento non propriamente in linea con i principi fondativi della democrazia rappresentativa. Caratterizzata dalla sana rivalità tra maggioranza ed opposizione. Infatti per far evolvere l'Europa in modo propositivo, bisognerà passare dal voto unanime al voto a maggioranza. Ad ogni modo, le sanzioni cadono tra quelle decisioni di politica estera prese in modo unanime dal Consiglio dei ministri su suggerimento dell'alto rappresentante per gli affari esteri e la politica di sicurezza. Il tutto legittimato da un atto legislativo specifico: l'organo di riferimento è la PESC. Quando le sanzioni riguardano la vendita di armi e la libertà di movimento delle persone non è necessaria l'introduzione di ulteriori protocolli al documento principale. Questo per la semplice motivazione che tali competenze sono direttamente riconducibili alle decisioni degli Stati membri. Cosa diversa, invece, riguarda tutte quelle materie che, in definitiva, vanno ad integrarsi nella logica del mercato comune che possono modificare gli equilibri dello stesso. In tale circostanza, è necessaria l'approvazione di un ulteriore documento che rimoduli i rapporti di forza interni al mercato comune. In questi casi è dunque necessario approvare un atto normativo che

---

della Repubblica. Parlamento Italiano. (Articolo)

rimoduli i rapporti interni al mercato comunitario come previsto dall'art. 215 del TUE. In tale contesto, per evitare possibili vuoti normativi si preferisce approvare entrambi i documenti nella stessa seduta imponendo le nuove disposizioni agli Stati nazionali. Vi sono, infatti, quattro caratteristiche da tenere presenti:

a) SCADENZA
b) ECCEZIONI ED ESENZIONI
c) NON HANNO EFFETTI EXTRATERRITORIALI
d) NATURA SEMI IBRIDA

Per sanzioni a scadenza si intende che l'UE approva pacchetti di sanzioni a tempo da sei a dodici mesi che possono essere prorogate in base al testo e le modifiche approvate con la loro approvazione. In riferimento al tema di eccezioni ed esenzioni ci si lega alle sanzioni mirate che per loro natura possono includere molte variabili definite, in alcuni casi, esenzioni mentre in altre eccezioni. Questo aspetto è stato introdotto per evitare di ledere i principi fondativi delle istituzioni europee basati sulla libertà dell'uomo, sulla libertà di movimento, sul principio della libertà economica e su tutti quei valori che racchiudono gli elementi di unità per l'Europa. Il terzo aspetto è che le sanzioni della UE non applicano restrizioni, come ad esempio ad imprese extraterritoriali. Su questo punto, si distinguono di molto dall'applicazione sanzionatoria applicata dagli Stati Uniti d'America. Infine, il quarto elemento analizza le misure restrittive a cavallo tra competenze di politica estera e di mercato comune, unito ad una maggiore attenuazione ai diritti dell'uomo. In questo caso l'organo che fa da padrone è la Corte di Giustizia dell'Unione Europea.

Guerra Globale

Le origini dell'attuale guerra globale, non ancora guerra mondiale, trova la propria origine nel conflitto regionale nelle province del Donbas, tralasciando momentaneamente gli avvenimenti di guerra di questi gironi in Israele, ovverossia nelle regioni più orientali della Repubblica Ucraina ora controllata quasi completamente da Russi. I fallimenti degli accordi di Minsk non hanno fatto altro che peggiorare il contesto. Uno degli elementi previsti nell'accordo si basava da un lato sul cessate il fuoco attivo dal 2014, dall'altro il governo di Kiev si impegnava ad effettuare modifiche costituzionali in favore di una maggiore autonomia dei territori del Donbass. In verità, nel settembre del 2014, l'Ucraina approvava in prima lettura le modifiche costituzionali. Le forti proteste di piazza nella capitale ucraina bloccarono, di fatto, il processo di revisione costituzionale. Inoltre, in parlamento si considerava la possibile approvazione del nuovo testo solamente a fronte ad un cessate il fuoco da parte dei ribelli. La verità, nel 2022, si fonda sulla estremizzazione del conflitto regionale. I riferimenti dello scontro sono caratterizzati dall'azione di gruppi patriottici e nazionalisti ucraini di derivazione politica e culturale filoeuropei nonché frange limitate di estrema destra talvolta neo-naziste. Le affermazioni di Vladimir Putin del 24.02.2022 (dichiarazione di guerra) trovavano la propria base d'azione sull'obiettivo della denazificazione del Donbass e per quanto possibile della Repubblica Ucraina. Un elemento strategico in termini militari che complicò in modo vistoso il contesto ed il desiderio del Governo ucraino di perseguire verso il proprio obiettivo, giocando su due fronti distinti:[65]

a) ADESIONE ALL'ALLEANZA ATLANTICA
b) ADESIONE ALL'UNIONE EUROPEA

Partendo dal presupposto che la guerra, in qualsiasi forma, risulta sempre e comunque sbagliata, potrebbe essere legittimo affermare che il reale tentativo della NATO di allargarsi sempre di più verso Est, inglobando i paesi ex sovietici, potrebbe risultare in termini geopolitici un errore, probabilmente meditato. Capace di mettere la Federazione Russa nella condizione di difendersi da questo ipotetico ampliamento. In ragione della difesa di sé stessa e la propria essenza imperiale, ricordando, comunque, che lo stesso Kissinger riteneva improprio avviare un processo di ampliamento verso est della NATO. Ad ogni modo, Kiev ha cercato di conservare l'ordine pubblico utilizzando spesso

---

[65] Matteo Fulgenzi. La guerra delle sanzioni. L'Unione Europea e la Federazione Russa nell'era dell'interdipendenza economica globale – 2021 (PU) - Il Cerchio – Iniziative editoriali.

mezzi utili alla tutela dello stesso nel rispetto delle leggi ucraine.[66] Fino a febbraio 2022 la Russia, anche se favorevole ai ribelli, non ha ritenuto opportuno assumere atteggiamenti espliciti per favorire l'annessione delle province di Donec'k e Lugansk alla Federazione Russa.[67] I rapporti tra Ue e Russia si incrinano a partire dal 2014. L'invasione e successiva annessione della Regione della Crimea hanno ampliato le differenze e le distanze tra i due governi. Tale contesto è doveroso evidenziarlo nuovamente, ribadendo che le sanzioni UE verso la Russia hanno inizio proprio con questo evento "d'imperialismo russo". L'UE inizia un percorso di graduale chiusura che, nei fatti, è l'inverso di quanto avvenuto negli anni precedenti all'invasione della Crimea. Infatti, dalla caduta del Muro di Berlino, i paesi europei hanno iniziato un susseguirsi di relazioni sempre più fitte con la Russia, sia in termini politico-diplomatici ma soprattutto economici.[68]

---

[66] Matteo Fulgenzi. La guerra delle sanzioni. L'Unione Europea e la Federazione Russa nell'era dell'interdipendenza economica globale – 2021 (PU) - Il Cerchio – Iniziative editoriali.

[67] Matteo Fulgenzi. La guerra delle sanzioni. L'Unione Europea e la Federazione Russa nell'era dell'interdipendenza economica globale – 2021 (PU) - Il Cerchio – Iniziative editoriali.

[68] Matteo Fulgenzi. La guerra delle sanzioni. L'Unione Europea e la Federazione Russa nell'era dell'interdipendenza economica globale – 2021 (PU) - Il Cerchio – Iniziative editoriali.

Le Vere Ragioni della Guerra

Se nel dato specifico si vuole fare un'analisi storica dei rapporti tra Europa e Russia si scopre che nel passato, prima del movimento Bolscevico (Ottobre 1917), i regni europei hanno ritenuto la Russia degli Zar un'estensione territoriale dello stesso continente europeo. Ricco di territori, materie prime e soprattutto contiguo e funzionale alle relazioni internazionali dell'epoca. Giacché l'attuale guerra può essere ritenuta funzionale a conquistare non solamente i territori del Donbass ma in contemporanea il possesso dei pozzi petroliferi e le cospicue riserve di gas naturale come dimostrato nelle pagine a seguire, la Russia punta ad un'annessione de facto del Donbass? La risposta è dunque automatica e giustificata dalle citazioni qui sotto menzionate. L'Ucraina detiene ad oggi le seconde riserve di gas conosciute in Europa. Alla fine del 2020, le riserve ucraine conosciute ammontavano a 1,09 trilioni di metri cubi di gas naturale, seconde solo alle risorse conosciute della Norvegia pari a 1,53 trilioni di metri cubi. Solo nell'area di Donets'k i giacimenti stimati conterrebbero fino a 113 miliardi di metri cubi di gas. Tuttavia, come riportato dal dossier Ucraina, la guerra russa per il gas e le materie prime, condotto dal principale partito di governo italiano, Fratelli d'Italia, ad oggi risulta che l'Ucraina ha un basso tasso di utilizzo della propria riserva annuale. Nelle intenzioni dichiarate da Mosca l'operazione speciale condotta nel Donbass sarebbe finalizzata a portare soccorso alla popolazione russa schiacciata e discriminata dal Governo di

Zelensky. Resta certamente il fatto che lo stesso Donbass è anche un territorio molto ricco dal punto di vista minerario. Secondo un report della Banca mondiale, in Donbass ci sono 900 siti industriali, 40 fabbriche metallurgiche, 177 siti chimici ad alto rischio, 113 siti che usano materiali radioattivi, 248 miniere, 1.230 chilometri di tubature che trasportano gas, petrolio e ammoniaca, 10 miliardi di tonnellate di rifiuti industriali. Infatti in riferimento a quanto descritto dal prof. Eugenio Di Rienzo nel suo libro "Il Conflitto Russo Ucraino" viene delineata una panoramica delle possibili[69] vocazioni strategiche e geopolitiche del disfacimento dell'Unione Sovietica. Eraclito affermava e dichiarava:[70] *"Non è possibile bagnarsi due volte nell'acqua del fiume degli eventi trascorsi a meno di non volersi impegnare in una futile e sviante esercitazione analogica con la quale tentare di interpretare il presente alla luce della esperienza di ciò che fu"*. L'Ucraina risulta un'area molto importante per le rilevanti presenze di materie prime nel proprio sottosuolo. Ci si riferisce a riserve di gas naturale, carbone, minerali derivanti dal ferro e petrolio. Angela Merkel, a lungo cancelliera della Germania e nativa di Berlino Est ha collocato l'ultima "tessera" necessaria alla costruzione di una grande area commerciale di penetrazione economica e politica. Estesa dall'Oder al Baltico fino al Danubio e dalla foce del Don al Mar Nero.[71] Davanti ad ipotesi commerciali di queste dimensioni l'Ucraina non fa altro che esercitare un ruolo chiave nella futura coordinazione

---

[69] Eugenio Di Rienzo. Il Conflitto Russo-Ucraino. p.17
[70] Eugenio Di Rienzo. Il Conflitto Russo-Ucraino. p.20
[71] Eugenio Di Rienzo. Il Conflitto Russo-Ucraino. p. 20

strategica della prospettiva economica e di conseguenza geopolitica. La dipendenza europea dal gas russo è, al di là degli ultimi cambi di strategia, una realtà. L'ipotesi di portare i paesi UE alla fornitura di gas da parte di Mosca pari allo zero è un'utopia. Se ciò venisse realmente concretizzato, le conseguenze e ripercussioni negative, in termini di costi, sarebbero una nuova consuetudine nella produzione di prodotti e la fornitura di beni e servizi da parte delle imprese europee. Contestualmente le particolari caratteristiche del confine e del territorio definito tra Federazione Russa ed Ucraina ed ex paesi sovietici è caratterizzata da ampie pianure spesso di possibili e facili conquiste militari. I timori della Russia, già dal crollo del muro di Berlino e dal conseguente disfacimento dell'Impero sovietico, ha esposto la Russia ad un contesto strategico più debole e difficile da controllare. La Russia di Putin si è dovuta attrezzare a costruire nuove forme d'interazione con i paesi confinanti. Per queste ragioni è auspicabile che l'Ucraina diventi uno stato neutrale (cuscinetto) tra la Federazione Russa e i paesi occidentali. La mancanza di attenzione nel merito ha nei fatti già concretizzato le ipotesi menzionate nel testo di Eugenio Di Rienzo,[72] prima negli anni 2014/2015 e successivamente nel 2022. Si è aperta la nuova frontiera geopolitica e geoeconomica con l'Ucraina che resta in prima linea. Henry Kissinger il 05. 03.2014 affermò quanto segue: *"Una risposta armata della Alleanza Atlantica all'aggressione di Putin contro Kiev? La Russia non potrebbe mai accettare che*

---

[72] Eugenio Di Rienzo. Il Conflitto Russo-Ucraino. p. 21

l'Ucraina divenga un membro dell'NATO e dunque verrebbe ritenuto uno Stato ostile ai propri interessi strategici nel tollerare che le sue prerogative sulla Crimea non le siano formalmente garantite anche dall'Occidente. Nel suo complesso in virtù di un chiaro ed indiscutibile accordo internazionale."[73] In definitiva l'Ucraina può risultare strategica economicamente per entrambe le parti in uno scontro bellico. "Non credo sia un caso che l'interventismo americano ed europeo siano così marcati "nell'area". Risulta evidente che le prese di posizione, così nette ed assolutiste, non possano lasciare alcun margine ad alcuna trattativa proficua per un futuro cessate il fuoco e per delle possibili convergenze commerciali nei prossimi anni. La modalità di guerra adottata attualmente da parte dell'Unione Europea, allo scopo di ridurre la Russia ad un Paria istituzionale, non può fare altro che delegittimare qualsiasi forma di possibile collaborazione anche tra imprese private. La posizione europea risulta estremistica e poco attenta alle dinamiche economiche e geopolitiche a livello globale in riferimento agli interessi di diversi paesi europei soprattutto ai fini di una prospettiva futura. In termini commerciali la Russia potrebbe subire oggettivi contraccolpi nei prossimi anni tenendo conto dei legami economici costruiti con l'Occidente negli ultimi decenni. Ad ogni modo, nel globo terrestre sono presenti un numero rilevante di paesi non ostili a Mosca e per questa ragione si può supporre che la capitale russa aprirà, nel prossimo futuro, i propri mercati ad Oriente. Mercati ritenuti

---

[73] Eugenio Di Rienzo. Il Conflitto Russo-Ucraino. p. 02

sicuramente più dinamici ed orientati alla crescita economica e commerciale.

Gli Aspetti delle Sanzioni

Le sanzioni, se utilizzate in modo adeguato, possono ritornare utili per il raggiungimento di obiettivi importanti. In particolare nell'ambito umanitario. Un esempio è il regime militare che ha esercitato il proprio potere in Birmania. Altro esempio sono le violazioni dei diritti umani in Bielorussia. Un esempio di buona riuscita nella applicazione delle sanzioni è il caso dell'Iran. Quest'ultime hanno sicuramente indotto il paese a sedersi ad un tavolo negoziale e, successivamente, lo stesso Iran ha ritenuto opportuno accantonare il proprio progetto nucleare, all'epoca ritenuto un serio pericolo per il mondo intero. Inoltre, le sanzioni possono diventare un ottimo collante in politica estera tra i paesi che hanno avviato un percorso di questa natura verso altre nazioni. In merito entrano in gioco i rapporti di unità tra paesi che concordano di avviare questo tipo di operazioni internazionali. Sicuramente l'esempio più efficace è rappresentato dalle interazioni tra UE e gli USA testimoniando unità, lealtà e collaborazione. Questo elemento, anche a livello economico, potrebbe risultare vincente. Tuttavia le sanzioni attivano spesso limitazioni di natura commerciale e, conseguentemente, possono innescare un effetto domino verso coloro che le hanno imposte. Il caso attuale rappresentato dalla guerra in Ucraina ne è la dimostrazione. Ciò che dovrebbe farci pensare è che questa guerra, nel cuore dell'Europa, ha una doppia veste. Da un lato vi sono in gioco i valori della civiltà occidentale, dall'altro la forza di due potenze USA e Cina che si combattono a distanza utilizzando, in definitiva, un campo di guerra euroasiatico, in ragione della conquista della nuova primazia del globo e, prima ancora, l'ottenimento del dominio geopolitico e geoeconomico della stessa Europa. L'UE sembra non essersene accorta del gioco al massacro che le grandi potenze stanno esercitando su di essa e credo che non sia necessaria una vittoria netta da parte di una delle due parti. Il campo di battaglia ucraino non è altro, come già detto, che il frontespizio di un conflitto di una più ampia guerra commerciale e culturale. L'aspetto rilevante è la salvaguardia dei valori da difendere da ambo le parti. Per questa ragione, si può ipotizzare un equilibrio geopolitico, nel mondo del futuro, molto diverso da ciò che abbiamo visto negli ultimi decenni. Un mondo non più unipolare, a guida statunitense, ma più verosimilmente multipolare; oppure si potrebbe considerare un ritorno al passato in ricordo dell'Europa precaduta del muro di Berlino in uno schema geopolitico più vasto e sicuramente diverso e variegato. Ciò che è sempre più chiaro è che l'obiettivo americano di conquistare la totalità del globo è attualmente fallito. A mio avviso sono emersi troppi attori con nuovi obiettivi economici e politici che condizioneranno moltissimo le decisioni mondiali nell'imminente futuro. La crisi della globalizzazione è lì a dimostrarlo. Le sanzioni[74] possono venire considerate come punto importante della fotografia di un determinato contesto politico. Non vi è alcun dubbio che questo strumento è fonte di un elemento negativo. Principalmente si ritiene che colpiscano ingiustamente la popolazione residente portando maggiore instabilità sociale con probabili aumenti della povertà nei paesi coinvolti. Certamente le sanzioni mirate, ovvero quelle sanzioni che colpiscono aree limitate o categorie specifiche di merci, come per esempio le armi, dovrebbero ridimensionare di molto questa tendenza. Aspetto, non meno importante, è la situazione legata alle reazioni di contrasto alle stesse da parte dei Governi colpiti dai provvedimenti. Solitamente, i Governi di questi Stati utilizzano le sanzioni come giustificazione per rendere legittimi i propri fallimenti ed insuccessi in politica interna. Quindi, si potrebbe verificare un aumento del consenso popolare nei confronti del Governo russo creando problematiche non irrilevanti a livello internazionale. Basti pensare a quanto sta accadendo anche oggi. Molti osservatori ritengono che in termini complessivi, dall'inizio del conflitto Putin abbia aumentato il consenso da parte dei cittadini russi proprio facendo forza sul senso di appartenenza della comunità russa. Risulta importante la condivisione con il leader sulla necessità delle battaglie per la conquista della Crimea e del Donbass. Questi elementi, ritornando proprio sul concetto imperialistico, risultano decisivi per la conservazione ed il possibile aumento del

---

[74] Quanto sono utili le sanzioni? L'Italia, la Russia e l'Unione europea di Francesco Giumelli in collaborazione con la Camera dei Deputati ed il Senato della Repubblica. Parlamento Italiano. (Articolo)

consenso politico verso il Cremlino. Bisogna evidenziare che il dato geopolitico più rilevante è che la Federazione Russa, con le sanzioni del 2022, ha definitivamente chiuso il proprio percorso di occidentalizzazione creando una condizione più compatibile con la politica assunta da Pechino. Secondo Mosca, attualmente, il futuro del globo guarda proprio alla Cina e all'India. In merito alle sanzioni, è la Monet ad intervenire sulla scena, affermando nel 2015 quanto segue: "*Un ulteriore elemento negativo è rappresentato dalle sanzioni economiche che legittimano le società criminali negli scambi commerciali di prodotti che le sanzioni hanno deciso di bloccare*". Un esempio, a mio parere, è la compravendita di armi. L'obiettivo è certamente di ridurre il loro acquisto. La verità è che quella nazione si rivolgerà quasi con ovvietà ad organizzazioni non legali per ottenere ciò che gli serve andando ad arricchire strutture illegali. A seguito della annessione della Crimea,[75] avvenuta il 20. 02. 2014, dopo il Referendum popolare, L'UE decise di sanzionare Mosca. Per la prima volta nella storia contemporanea una nazione di importanza rilevante sul contesto internazionale e nel panorama geopolitico globale subisce un trattamento di questa portata. In tale contesto si è potuto sperimentare per la prima volta, in modo diretto, le ricadute negative sulle economie dei paesi sanzionanti. Ciò dimostra, in modo chiaro, che le sanzioni possono diventare nel concreto

---

[75] Quanto sono utili le sanzioni? L'Italia, la Russia e l'Unione Europea di Francesco Giumelli in collaborazione con la Camera dei Deputati ed il Senato della Repubblica. Parlamento Italiano. (Articolo)

un'arma a doppio taglio. Le ragioni da parte degli USA e della UE nella creazione di sistemi sanzionatori sono comprensibili. È, dunque, doveroso valutare i contesti ricordando che, dopo la caduta del muro di Berlino nel 1989, le ostilità presenti tra USA e URSS, poi Federazione Russa, nel recente passato sono andate via via ridimensionandosi tanto da far includere il paese di Vladimir Putin tra i grandi otto (G8) per un numero limitato di anni. È mia l'opinione che se il processo d'integrazione fosse proseguito, probabilmente non avremmo mai assistito alla guerra Russo-Ucraina. Questo elemento ha rilevato un cambio di passo importante sostenuto dall'avanzata della globalizzazione[76] nel mondo. Col passare del tempo i rapporti di forza tra Occidente e Russia si sono via via raffreddati, portando ad atteggiamenti di graduale distacco nella strategia comune. Credo che la guerra in Ucraina, nel 2022, ha riposto la pietra tombale al processo d'integrazione e condivisione. Ormai è la stessa globalizzazione ad esserne a rischio. Vi è la sensazione, da parte di diversi studiosi dei processi politici ed economici, che il prossimo futuro sarà composto da nuovi blocchi politici ed economici distinti e non interconnessi tra di loro con il già citato meccanismo del Friend Shoring. La crisi Ucraina, del 2014, come affermato in precedenza, porterà alla creazione di sanzioni verso la Russia. È comunque noto che l'impatto di questi provvedimenti non hanno prodotto gravi danni, al momento, all'economia russa. Una diversa

---

[76] Quanto sono utili le sanzioni? L'Italia, la Russia e l'Unione Europea di Francesco Giumelli in collaborazione con la Camera dei Deputati ed il Senato della Repubblica. Parlamento Italiano. (Articolo)

valutazione emergerà, nell' attuale contesto del conflitto in corso. A tale proposito è evidente che il livello delle sanzioni attuali è sicuramente d'impatto maggiore ed invasivo, sicché le conseguenze sull'economia russa dovrebbero esprimere caratteristiche più negative. Per le motivazioni citate c'è da aspettarsi una recessione dell'economia russa a seguito delle sanzioni del 2022 nel medio e lungo periodo. Non possiamo dimenticare la maggiore competitività del nostro sistema economico e produttivo, aumentando così le esportazioni di prodotti made in Italy proprio grazie ai prezzi favorevoli del gas naturale che ci veniva fornito da Gazprom. Un'ulteriore valutazione riguarda le esportazioni dalla UE verso la Russia che sono poco più del 6% del totale complessivo. L'Italia esporta un valore inferiore al 2% sul proprio totale. Questa annotazione economica ha permesso alla UE di agire con un approccio più restrittivo nell'applicazione delle sanzioni. In conclusione, è giusto porsi l'interrogativo se all'Italia convenga realmente sospendere ogni forma sanzionatoria verso la Russia. A fronte di studi effettuati dal Prof. Francesco Giumelli, per la Camera dei Deputati e del Senato della Repubblica, emerge che l'azzeramento delle sanzioni potrebbe produrre un effetto negativo per almeno due ragioni. Il primo è legato agli equilibri della Alleanza Atlantica, il secondo è puramente economico. Non vi è la certezza, infatti che Mosca, tolte le sanzioni, ritorni ad aumentare la richiesta di prodotti italiani. Non è scontato che in contemporanea la Russia faccia decadere le contro sanzioni.

Il Governo dell'Aiuto

Risulta idoneo definire il governo di Mosca, degli ultimi decenni, come Governo dell'aiuto.[77] A dirlo è il Prof. Igor Pellicciari. Questa politica delinea una prospettiva nuova nell'ambito della politica estera russa. La logica consiste nel rinunciare ad essere paese ricevente per diventare paese donante. Il passaggio successivo è di confrontare gli aiuti con le sanzioni di Stato. Queste ultime vengono utilizzate come strumento di politica estera, sicché le sanzioni potrebbero essere definite come un'azione di guerra senza un utilizzo diretto delle armi. Sanzioni e aiuti[78] hanno subito una profonda accezione rispetto alla loro origine. Appare più comprensibile se i due strumenti vengono osservati assieme ed è doveroso rilevare l'inevitabile polarità delle sanzioni e degli aiuti. Le prime producono azioni disgreganti, le seconde aggreganti in riferimento ai rapporti internazionali che si vanno costruendo. Questi ultimi possono essere bipolari e multipolari. E' noto che le sanzioni russe non hanno le stesse caratteristiche delle sanzioni occidentali, esse vengono solitamente considerate come azioni di ritorsione immediata e di difesa. Non vi è la pretesa politica di utilizzare lo strumento sanzionatorio al fine di determinare cambi di Governo verso i paesi colpiti. In termini pratici le sanzioni russe possono essere considerate più efficaci in particolare

---

[77] Igor Pellicciari. Il Governo dell'Aiuto, la Russia e l'evoluzione delle politiche degli aiuti e sanzioni.
[78] Igor Pellicciari. Il Governo dell'Aiuto, la Russia e l'evoluzione delle politiche degli aiuti e sanzioni.

quando la loro applicazione è riuscita a destabilizzare determinati equilibri geopolitici e non solo tra USA e UE. L'utilizzo delle sanzioni, da parte di Mosca, non sono un elemento che avvicina la guerra, piuttosto determina il graduale riavvicinamento tra paese sanzionato e sanzionante. Mosca fa virare le proprie relazioni con il nuovo nemico di turno per evitare che la rispettiva contestualità degeneri verso pericolosi punti di non ritorno. Altro punto, da non sottovalutare, è che il Cremlino identifica lo strumento sanzionatorio come punto di arrivo provocato da uno scontro diplomatico tra nazioni e non come un elemento aggiuntivo per l'escalation militare. La politica moscovita dell'aiuto e delle sanzioni non sono decisioni a tempo, al contrario sono processi a tempo illimitato. La realtà è dimostrabile attraverso fatti politici che coinvolgono la Federazione Russa e i paesi più condizionati dalla sua sfera d'influenza. È evidente che una ipotetica richiesta dell'Ucraina ad annettere nuovamente la Regione della Crimea al proprio territorio risulterebbe irricevibile per Mosca. Una richiesta che, realmente parlando, è auspicabile non formulare. Le conseguenze potrebbero risultare devastanti per lo stesso continente europeo. La politica estera per il Cremlino è ritenuta un tema molto rilevante. Tenendo presente che la Federazione Russa ha l'obiettivo di ritornare ad essere un importante Impero mondiale nella scena internazionale.[79]Secondo una valutazione delle

---

[79] Igor Pellicciari. Il Governo dell'Aiuto, la Russia e l'evoluzione delle politiche di aiuti e sanzioni.

proprie azioni, si deve rendere noto al lettore che il Cremlino per migliorare la propria posizione geopolitica è disposta a ridurre, per esempio, i costi di approvvigionamento del greggio ai paesi ritenuti amici. Un esempio è l'accordo a basso costo stipulato diversi anni fa con la Cina. Un patto di durata trentennale a costi decisamente bassi che si concluse dopo la conquista della Crimea da parte della Russia. Da questa azione strategica possiamo comprendere il chiaro desiderio di primazia che la Russia desidera esercitare verso i paesi emergenti ed asiatici utilizzando le materie prime a basso costo come misura concreta d'integrazione con i nuovi mercati mondiali. Per quanto riguarda il rapporto tra paesi sanzionati e sanzionanti, la difesa da parte di Mosca con l'attivazione delle contro sanzioni, la contraddizione politica della Germania prima vera interessata alla creazione dei gasdotti russi North Stream e North Stream II°, alla loro costruzione ma contemporaneamente rimane tra le nazioni europee a richiedere il rinnovo delle sanzioni alla Russia nel 2022. La Repubblica germanica si rivela nuovamente il paese più rigido, dimenticando i concetti di solidarietà che dovrebbero essere il buon costume dell'Europa. Infatti paesi come l'Italia che a suo tempo hanno espresso, a seguito di queste decisioni non poche critiche ritenendo queste politiche contro producenti per la propria economia. Sostanzialmente, gli italiani sono stati convinti di essere le vittime di un fuoco amico e di dover pagare un prezzo più alto degli altri paesi europei per l'applicazione di nuove sanzioni a Mosca[80] (2017). Altro aspetto rilevante è che la Federazione Russa oltre ad essere una federazione di Repubbliche è, di fatto, uno Stato unitario consapevole della propria cultura e storia secolare, diversamente da quanto lo è l'UE che, troppo spesso, sembra una aggregazione di Stati litigiosi. Questo permette a Mosca di essere certamente più risoluta ed efficace nelle proprie decisioni. La Russia ha effettivamente riconosciuto gli effetti negativi che l'Italia ha dovuto sopportare sulla costruzione dei gasdotti sopra citati. A tale proposito, il Cremlino decide a mo' di aiuto di coinvolgere la nostra nazione nel progetto di costruzione dell'infrastruttura nel Mar Nero coinvolgendo direttamente l'ENI nella costruzione del gasdotto North Stream. In ogni caso, sanzioni ed aiuti sono separati da una sottilissima demarcazione ed in certe circostanze è quasi impercettibile. Un ulteriore esempio nella politica dell'aiuto è rappresentato da quanto avvenuto in Siria con il sostegno russo al Governo di Assad. La presa di posizione ha "eletto" la Russia come fondamentale interlocutore alla sconfitta del terrorismo islamico. La Francia, paese sanzionante di Mosca, all'epoca ha fatto molta attenzione a non evitare l'aiuto offerto dal Cremlino. Dunque, è giusto ricordare che sanzioni ed aiuti, secondo il Prof. Pellicciari, tendono ad istituzionalizzarsi. Ovvero che siano tollerati e che si verifichino forme di aiuti a paesi ritenuti nei fatti dei nemici. Come avvenuto in passato per Turchia ed Ucraina. Viceversa sono attive le sanzioni, da

---

[80] Igor Pellicciari. Il Governo dell'Aiuto, la Russia e l'evoluzione delle politiche di aiuti e sanzioni.

parte di Mosca, verso alcuni paesi che erano ritenuti amici come nei casi di Italia e Grecia. Per guerra agli aiuti[81] si intende lo scontro tra Mosca e l'Occidente ed in particolare con l'Unione Europea. La motivazione è la spinta da parte della Federazione Russa di dirottare aiuti concreti a Kiev. Ciò non ha certamente creato situazioni di favore bensì di rigidità ai fini del dialogo internazionale. Gli aiuti non sono altro che una forma di imperialismo. Con il ritorno di Mosca sulla scena globale e con le politiche di potenza che, in primo luogo ed in forma sempre più crescente, favoriscono un maggiore approccio a politiche sempre più competitive tra gli Stati donatori. È probabile infatti che negli anni a venire sempre di più assisteremo a scenari di interesse geopolitico riconducibili alle rispettive dinamiche. Vedremo i paesi principali donatori/competitori scontrarsi in vere e proprie guerre degli aiuti per accreditarsi in nuove aree d'influenza a livello globale. In conclusione, dobbiamo nuovamente ribadire che aiuti e sanzioni non sono altro che la faccia della stessa medaglia. Sulla politica dell'aiuto, questa competizione, tra Occidente e Russia ha sicuramente determinato un rilevante numero di tensioni non certamente semplici da sciogliere. Per questa motivazione è possibile definire lo scontro come la Guerra degli Aiuti e agli Aiuti. Uno scontro tra paesi definiti in gergo istituzionale donatori o donanti.

---

[81] Igor Pellicciari. Il Governo dell'Aiuto, la Russia e l'evoluzione delle politiche di aiuti e sanzioni.

Il primo marzo 1992 scoppia la guerra in Bosnia Erzegovina. Questo evento viene considerato da alcuni politologi e studiosi delle relazioni internazionali come un elemento di compensazione dovuto allo squilibrio provocato dalla caduta del muro di Berlino con l'inevitabile fine dell'Impero sovietico. La guerra dell'ex Jugoslavia può essere altresì ritenuta come un riequilibrio o una valvola di sfogo di quella epoca ormai conclusa. Lo scontro bipolare ed identitario è caratterizzato per lungo tempo dalla guerra fredda. In quegli anni gli schemi geopolitici erano mutati rispetto al periodo sovietico. È evidente che Mosca ha svolto un ruolo centrifugo su diversi paesi tra i quali ne ha fatto parte, a pieno titolo, l'ex Jugoslavia. Come tutti sappiamo l'evento bellico ha disgregato il vecchio schema istituzionale ricreando nuove strutture ed assetti di interazione tra le etnie che componevano la precedente Federazione Jugoslava. Un ipotetico parallelo con l'attuale conflitto in Ucraina secondo me non può reggere in termini complessivi. Anche se diversi politologi contemporanei e qualche storico lo ritengono idoneo. Kiev attualmente è la capitale di uno Stato sovrano che ha deciso di combattere per tutelare la propria unità nazionale. Le ragioni russe per la conquista del Donbass vengono da lontano e, viceversa, quest'ultima reputa l'Ucraina un "non Stato" o, se più chiaro, uno Stato senza popolo. Così definito frettolosamente da diversi esponenti del Cremlino e della stessa politica russa. Mosca, come afferma in un articolo Lorenzo Vita, ha fatto rispolverare i vecchi ricordi degli Imperi e della loro funzione,[82] attivando un conflitto di vecchio stampo per raggiungere obiettivi evoluti nel XXI° secolo. In seguito viene affermato dall'autore che il vero gioco geopolitico e di potere giace nello scontro frontale tra le uniche due potenze ora riconosciute. Gli USA da una parte e Pechino dall'altra. Due mondi completamente opposti e contrapposti dove le nazioni affiliate alle stesse fungono da satelliti con margini di manovra limitati ed a basso raggio.[83] "Nuovi attori e vecchie reclute stanno riemergendo con forza nel sistema internazionale." Si parla, infatti, di polarizzazione tra Pechino, Washinton, Gran Bretagna, Russia, Turchia e anche i paesi dell'UE che svolgono un ruolo sostanzialmente scenico. Capaci ormai di esercitare forme di potere nel perimetro territoriale di propria competenza. Per quanto concerne gli aiuti, chiaro atto di supremazia, con questo recente conflitto in Europa si è completamente modificata la portata del loro significato. Se in passato gli aiuti erano intesi come supporto umanitario, oggi sono pensati come fornitori di armi per sostenere il paese amico nella azione bellica tanto da far affermare al Prof. Pellicciari su Limes la seguente citazione: *"Armi come aiuti e aiuti come armi"*. Questo aspetto assume un ruolo fondamentale nel gioco geopolitico internazionale. Con la guerra la Russia ha imposto un nuovo algoritmo negli interessi mondiali, spostando ancor più il baricentro sul bipolarismo tra la Cina e gli USA, sapendo

---

[82] Il Giornale. 20.12.2022 (Articolo)
[83] Il Giornale. 20.12.2022 (Articolo)

perfettamente che il mercato del futuro per gli idrocarburi è ad Oriente. Alcune recenti posizioni di diversi paesi europei sull'avanzata dei motori elettrici in Europa, però, ha comunque provocato molti distinguo sulle posizioni della stessa UE, proprio in prospettiva del rischio di chiusura di diverse case automobilistiche europee. Devo evidenziare che l'attacco russo a Kiev ha rafforzato di molto i rapporti in termini di strategia e visione comune all'interno dell'Unione Europea. Un elemento nuovo che non si notava nei modi e metodi da alcuni decenni. Nel primo volume di Limes 2023 (da p. 155 a p. 170) viene fatta una analisi sull'effetto reale delle sanzioni sull'economia russa. L'autore dell'articolo a cui facciamo riferimento è Fabrizio Maronta. La domanda principale è la seguente:

a) le sanzioni alla Federazione russa hanno funzionato?
b) gli obiettivi prefissati degli Stati sanzionanti sono stati realmente raggiunti?

La risposta di Maronta non è né sì né no in quanto dipende in quale prospettiva si valutano i risultati ottenuti. Se l'obiettivo era di bloccare la guerra, se l'obiettivo era di mettere in crisi l'economia reale russa, la risposta alle domande è un no netto. Se invece la volontà delle sanzioni era di creare scompiglio nel sistema economico mettendo in crisi fette precise di mercato, la risposta potrebbe essere ritenuta affermativa. La Russia infatti da quanto si comprende, non è stata ferma. Agevolata, molto probabilmente, dalle buone relazioni instaurate durante il Governo dei diplomatici. Quest'ultima considerazione ha inciso favorevolmente sulla continuità di buoni rapporti internazionali con diverse nazioni del globo. Come già esposto nella parte seconda, dedicato alla forma di governo russo, il Cremlino nell'era putiniana ha cambiato almeno tre volte gli uomini al governo. La necessità di far entrare degli ambasciatori risulta, come visto, funzionale a tessere relazioni positive e durature con molte aree ritenute non attualmente ostili a Mosca. Alcuni esempi sono sicuramente la Repubblica Popolare Cinese, la Turchia e la Siria, quest'ultime fortemente colpite da un sisma senza precedenti. L'Iran (alleato strategico in ambito militare), gli Emirati Arabi ed Israele e per certi versi Mosca è apprezzata dall'India. I paesi sopra citati non hanno aderito al progetto sanzionatorio occidentale sfruttando a proprio vantaggio le risorse naturali che la stessa Federazione Russa possiede.

Strategia Economica e Militare

La Russia, grazie all'intervento di tecnici molto astuti ed abili, è riuscita ad aggirare le sanzioni occidentali. Ormai le tecniche di raggiro, non sono solamente legate al "gioco delle tre carte" ma anche all'inventiva russa di mescolare, ad esempio, il greggio russo con petrolio di provenienza diversa. Si deduce che le miscele non riescono ad essere soggette alle sanzioni perché il greggio è semplicemente mischiato con percentuali di oro nero russo inferiori al 50%. Per non parlare dell'intesa raggiunta con l'Arabia Saudita ovvero: Riyad compera da Mosca il petrolio a basso costo per alimentare le centrali elettriche. Con questa operazione non è tenuta ad utilizzare il proprio greggio che diversamente vende totalmente all'Occidente a prezzo pieno. Attivando così un processo di vendita molto simile ad una forma speculativa. Infatti il guadagno di Riyad si basa proprio sul differenziale tra l'acquisto del greggio russo a basso costo e la vendita del proprio a prezzo pieno.[84] Nel lasso di tempo marzo-agosto 2022 Mosca ha venduto qualcosa come 160 miliardi di euro tra gas naturale, petrolio e parzialmente carbone. Inoltre ha recapitato ai paesi UE ben diciassette miliardi di euro in fertilizzanti. Tali cifre hanno spiazzato la Casa Bianca e relativamente alla vendita dei fertilizzanti su base annua, la Russia ha registrato un aumento di esportazioni di ben il 70%.[85]*"Sotto l'abile direzione di El'vira Nabiulina la Banca Centrale Russa è stata più abile nel gestire l'impatto delle sanzioni"*, le riserve auree hanno protetto il Rublo e garantito il sistema nel proprio insieme dagli attacchi ipotetici prodotti dal sistema sanzionatorio assorbendone quasi totalmente il colpo La verità è che tra gennaio e settembre 2022 la bilancia commerciale russa presentava un attivo di 200 miliardi di dollari, circa dodici miliardi in più rispetto al 2021. La stima per il 2023 ipotizza

---

[84] Fabrizio Maronta. Limes, n°1 2023. Le sanzioni tra maschera e volto. da p. 155 a p. 170
[85] Fabrizio Maronta. Limes, n°1 2023, Le sanzioni tra maschera e volto. da p. 155 a p. 170

un ulteriore aumento di circa 100 miliardi di dollari. Tale dato è inferiore, ma non può essere considerato negativo, tenendo comunque conto che la Russia è una economia colpita da un ampio ed articolato sistema di sanzioni.[86] Ad ogni modo nel 2023 il Rublo è stato svalutato dalla Banca Centrale Russa in diverse occasioni testimoniando una ipotetica crisi interna dell'economia russa. Si tenga presente, forse, il Cremlino non avrebbe mai immaginato una durata del conflitto nella misura che stiamo vedendo. E, per queste ragioni, non poteva neppure essere immaginabile l'impennata dei costi militari che la Federazione ha dovuto sostenere nel corso del 2022 e del 2023, aumentando sicuramente i parametri di volume del debito pubblico federale rispetto allo stesso periodo del 2021.

Il Raggiro

Vi sono diverse formule di raggiro delle sanzioni escogitate da Mosca, uno dei principiali è rappresentato dallo Swat Valutario monetario rispetto al Dollaro e dalle fluttuazioni del primo conio globale. In sostanza, si evita di usare valute terze per regolare i pagamenti delle pendenze. Queste operazioni monetarie, negli ultimi anni, sono state esercitate anche dalla stessa Cina. Stipulando e sottoscrivendo accordi con ben sessanta paesi diversi e sottoscrivendo contratti per

---

[86] Fabrizio Maronta. Limes, n°1 2023, Le sanzioni tra maschera e volto. da p. 155 a p. 170

un valore numerale pari a cinquecento miliardi di Dollari.[87] La Cina nel 2020 ha regolato ben metà del suo commercio con la Russia in Rebimbi e Rubli sottraendolo ai regimi sanzionatori.[88] Questi elementi esprimono il desiderio, da parte delle nuove economie emergenti, di creare un meccanismo alternativo a quello statunitense ed europeo che attualmente dipendono dal Dollaro. Potrebbe, in futuro, avvenire una costruzione monetaria simile al Serpente Monetario Europeo (prima dell'Euro). L'evento rappresentato dai BRICS ne può essere la testimonianza più significativa. Un nuovo Serpente Monetario Orientale non è altro che una moneta virtuale, utile alla regolamentazione degli scambi nell'area commerciale euroasiatica. In altre circostanze vengono utilizzate, per aggirare le sanzioni, le monete digitali che non possono e non devono essere confuse con le criptovalute. Tanto che Pechino, già prima della guerra, aveva creato diverse valute virtuali idonee per scambiare merci con i paesi non occidentali. Ad ogni modo, le sanzioni alla Russia, anche grazie alla triangolazione, hanno esercitato un basso impatto sull'economia russa almeno fino al 31.12.2023. Molti fornitori occidentali hanno trovato altre vie per rifornire comunque il mercato russo, utilizzando per esempio i paesi della ex URSS, dirottando le merci successivamente verso la Federazione Russa. Un meccanismo sicuramente alternativo, ma perfettamente legale alle vie tradizionali pre-guerra. Oltre a ciò, il Governo

---

[87] Fabrizio Maronta. Limes, n°1 2023, *Le sanzioni tra maschera e volto.*
[88] Fabrizio Maronta. Limes, n°1 2023, *Le sanzioni tra maschera e volto.* da p. 155 a p. 170

di Mosca ha legiferato per favorire vere e proprie ristrutturazioni aziendali al fine ultimo di permettere alle proprie imprese di aggirare i regimi sanzionatori. Uno dei paesi più in auge per favorire tali processi è il Kazakistan, paese ex sovietico ancora condizionato da Mosca. Molti oligarchi russi e diverse imprese della Federazione nonché la maggioranza delle persone sanzionate, hanno convenuto di portare gli ingenti quantitativi di capitali, per proteggerli, proprio nel ex paese sovietico. Con l'arrivo delle sanzioni occidentali sono stati aperti decine di migliaia di conti correnti per perseguire il fine sopra citato.[89]Per quanto riguarda l'Italia è inevitabile una riduzione di interscambi con la Russia. L'impatto sulla nostra economia potrà essere misurato verso il finire del 2023 inizio 2024 visto che il greggio russo ha continuato ad essere acquistato con regolarità fino a dicembre 2022. L'ipotetica caduta del nostro prodotto interno lordo sarà comparato alla capacità o non capacità dell'Italia di rifornirsi da nuovi fornitori in modo stabile e continuativo, oltre ad avviare un processo per il raggiungimento della autonomia energetica. Sarà nel frattempo necessario comprendere a quale prezzo verremo in possesso delle materie prime a noi necessarie. È evidente che se i costi di fornitura saranno oggettivamente più alti, sarà cosa ragionevole ipotizzare un contraccolpo negativo sulla crescita del PIL del nostro paese. Un contesto di questa natura potrebbe produrre un aumento della disoccupazione

---

[89] Fabrizio Maronta. Limes, n°1 2023 Le sanzioni tra maschera e volto.

ed un progressivo aumento degli attriti sociali.[90] Si desume, dunque, che l'esito, positivo o negativo, sarà strettamente collegato ai risultati ottenuti in base alle decisioni e gli accordi sottoscritti dal Governo con i nuovi partner. Ma al momento, ottobre 2023, si nota una crescita annua del nostro paese che si aggira poco sopra l'1% con una Germania prossima alla recessione. Questi nuovi elementi fanno pensare che l'attuale conflitto ha creato al continente europeo seri problemi in termini di crescita. In realtà sarebbe necessario attivare nuovi asset geo-economici in grado di superare lo stallo attuale come risulta doverosa una nuova e adeguata coordinazione. Molto più pesante, in termini di impatto sull'economia mondiale è la sciagurata decisione del Governo cinese a praticare una politica super restrittiva ed estremistica chiamata Zero Covid 19. Le decisioni racchiuse nei provvedimenti hanno comportato problemi seri al mercato interno ma anche alla complessità dell'economia globale, dove la Cina risulta un attore fondamentale sulla scena mondiale. Tali decisioni hanno portato la Repubblica Popolare Cinese al suo minimo storico dall'inizio del boom economico con una crescita annua che si aggira intorno al 3% del PIL nel 2022. Un contesto nuovo e complesso che grazie alle migrazioni negli ultimi anni dalle campagne verso le metropoli ha creato le prime vere sacche di disoccupazione. Questo elemento potrebbe favorire la graduale rottura fiduciaria instauratasi tra le istituzioni ed i cittadini correndo il rischio di frantumarsi.

---

[90] Fabrizio Maronta. Limes, n°1 2023 Le sanzioni tra maschera e volto. da p. 155 a p. 170

Questa evoluzione potrebbe moltiplicare le proteste nelle principali città cinesi delegittimando, col passare del tempo, il potere assoluto esercitato dal partito comunista cinese. Se l'evoluzione diventerà concreta potremmo vedere all'orizzonte un cambio di algoritmo nella politica e della conseguente gestione del potere in Cina. Risulta molto arduo fare prognostici veritieri nel merito, a causa degli eventi avvenuti al globo dal 2019 in avanti ma ciò che risulta evidente è che il gigante asiatico come anche la geopolitica sono in continua evoluzione. Gli asset globali si sono già modificati diverse volte. Le sanzioni e la guerra hanno rafforzato i rapporti istituzionali tra paesi come ne hanno distrutti altri, forse nell'attesa della partita decisiva. Per quanto concerne l'andamento dei pacchetti sanzionatori la moneta russa ha mantenuto se non rafforzato il proprio valore nell'anno solare del 2022. Le clamorose operazioni effettuate dalla Banca Centrale Russa hanno, però, posto il Rublo in una specie di coma farmacologico.[91] Gli aspetti negativi dei provvedimenti hanno colpito in modo diretto alcuni settori produttivi, in particolare: l'industria automobilistica, la produzione di treni, la filiera dei frigoriferi e tutto ciò che è collegato ad una tecnologia più evoluta. È stato altresì colpito il settore informatico e digitale. La produzione di beni che richiedono l'intervento di tecnologie evolute hanno subito forti contraccolpi per l'inevitabile dipendenza dalle forniture occidentali. I personal computer in Russia nel 2022 hanno conosciuto una forte espansione sul mercato della

---

[91] Fabrizio Maronta. Limes, n°1 2023 Le sanzioni tra maschera e volto. da p. 155 a p. 170

rigenerazione. Il 2023 si è attestato come l'anno delle svalutazioni monetarie. Per queste motivazioni alle domande iniziali, l'autore Fabrizio Maronta, in merito alla azione negativa dello strumento sanzionatorio sulla stessa economia russa risponde con una "non risposta." Ovvero, come analizzato, dipende dai punti di vista. Se l'obiettivo, come affermato all'inizio, era di fermare l'avanzata bellica, la risposta è evidentemente negativa. Se, viceversa, l'obiettivo era di impoverire alcuni settori del comparto produttivo della Russia contemporanea, mettendo in difficoltà parte delle imprese e dei lavoratori collegati, allora la risposta può risultare affermativa. Questa considerazione può rivelarsi una provocazione. Nella realtà tutti sappiamo che l'idea di sanzionare la Russia mirava molto chiaramente alla prima ipotesi e non alla seconda. Alcune fonti moscovite affermano che ciò che sta avvenendo in Russia riguardo le sanzioni è caratterizzato da un errore di fondo. Le attuali e precedenti penalità attribuitegli sono a loro avviso condizionate dal giudizio negativo, di alcuni partner, sul carattere di Putin piuttosto che esercitare una modalità di valutazione secondo l'oggettività nel contesto reale. Nell'attuale periodo storico sarebbe doveroso adottare modalità di valutazione nel merito evitando giudizi personalistici. Una prima classificazione[92] bisogna assegnarla al mutato interesse sulla forza del consenso ovvero l'attenzione al suo aumento nel ceto medio e produttivo russo. Una seconda classificazione[93] bisogna riferirla al peso sostanziale ed abnorme dell'apparato

---

[92] Igor Pellicciari. Limes, La Guerra Grande. 07/2022 da p. 173 a p. 184
[93] Igor Pellicciari. Limes, La Guerra Grande. 07/2022 da p. 173 a p. 184

pubblico russo avanzato gradualmente negli ultimi anni grazie anche all'espansione delle politiche neoliberali e postsovietiche. Vi era, in quel frangente, la convinzione che una classe media appagata economicamente avrebbe sicuramente sostenuto la classe politica al governo del paese, o quantomeno non si sarebbe opposta attivando forme diverse di contestazione. Questa nuova classe emergente in Russia, anni 90, è diventata centrale nelle sorti del futuro politico del potere in essere. Avvicinandosi maggiormente, ai giorni nostri, la presa di posizione del Presidente Putin nel 2014 in Crimea e a seguire nel Donbas è un passaggio fondamentale per la conservazione e per certi versi la crescita del consenso interno. La stessa operazione militare speciale attivata nel 2022 può collegarsi a questo tipo di logica. Queste operazioni di guerra come l'appoggio diretto ai fratelli russofoni di Donets'k e Lugansk e se, viceversa, vi fosse stato un atteggiamento d'indifferenza da parte del Cremlino sarebbe stato valutato dalla comunità russa come un abbandono da parte di Mosca. Tra l'altro il Prof. Igor Pellicciari ritiene che la Russia si trovi a dover sostenere posizioni oggettivamente scomode.[94] Nel senso che è costretta ad assumersi la responsabilità di proteggere i ribelli nel Donbass ma senza riuscire a far comprendere la propria posizione nel merito ai paesi occidentali. Un esercizio tipico di un classico dialogo tra sordi. Il contesto di scontro sul fronte orientale dell'Ucraina è così contraddittorio e sanguinario tanto da diventare quasi incomprensibile per i popoli occidentali

---

[94] Igor Pellicciari. Limes, La Guerra Grande. 07/2022 da p. 173 a p. 184

come gli USA e l'UE. I rapporti di forza si sono modellati ancor più a fronte del nuovo scontro, per lo più ideologico, sui campi di guerra di Kiev. La mia opinione è che le ragioni della Russia nella guerra iniziata nel 2022 sono l'estrema ratio per impedire la diffusione dei principi del nuovo ordine mondiale pensato dagli USA in tutto il mondo. La Russia, in sintesi, risulta una nazione dominata da un marcato sentimento patriottico ed in certi contesti è attratta dai popoli europei che ritiene molto simili in termini culturali ma nello stesso tempo non ritiene utile accettare di essere scavalcata o assoggettata da sistemi culturali e di potere stranieri. La Federazione Russa, come abbiamo e potuto valutare in termini oggettivi, ha una modalità di atteggiamento e di approccio verso gli eventi che la circondano riconducibile alla logica imperialista. Una logica non in continuità con gli USA, ma che in definitiva, tenta di avviare un approccio plurale in ambito geoeconomico e geopolitico. Come ho spiegato in precedenza, la modalità che esprime il proprio desiderio di supremazia è dimostrato dalla politica degli "Aiuti". Una delle differenze sostanziali con gli Stati Uniti d'America su questo tema è che la Russia, se decide di intervenire a favore di un popolo o di un territorio decide di farlo senza addebitare al ricevente costi morali ed economici. Un metodo alternativo di praticare l'imperialismo. Un metodo che può essere considerato come una donazione.

La Chiusura Occidentale

Igor Pellicciari interviene con un'accurata analisi sulla Russia contemporanea nella rivista Limes n° 7/2022. La prima citazione degna di nota è lo stesso titolo dell'articolo allegato alla rivista: *"Questa è la Russia voi non capite"* riferendosi direttamente all'atteggiamento chiuso e poco ragionevole dell'Occidente. Infatti questo studio nasce al seguire di una moltitudine di interviste effettuate nell'estate del 2022 a diversi esponenti dell'opposizione russa. Ne emerge un quadro sorprendente nel senso che l'opposizione al Cremlino risulta praticamente inesistente ed è decisamente più vivo il senso di appartenenza alla nazione. Un sentimento patriottico che ritiene ingiuste e fuori luogo le posizioni occidentali sul tema del conflitto in Ucraina. La maggioranza degli intervistati è nel concreto favorevole o per lo meno non ostile a Putin. Un 30% è contrario e rappresenta di fatto l'opposizione interna, ma nessuno reputa necessario esprimere forme di contrarietà conclamate nei confronti del leader russo in particolare al tema della guerra e della tutela della Russia al di fuori dei confini nazionali. È necessario comprendere che, in Russia, ciò che conta è la tutela della patria. Nessuno degli oppositori crede che eliminando il capo politico si possa raggiungere l'azzeramento delle ispirazioni di conquista sull'Ucraina. Anzi, il dubbio persistente è chi lo potrebbe sostituire. A tale proposito una possibile sua sostituzione potrebbe rivelarsi peggiore su molti punti di vista sia in termini di politica interna che estera.

San Marino Sanziona Mosca

Il terzo paese più piccolo d'Europa ha recentemente approvato, attraverso una votazione al parlamento monocamerale, i pacchetti sanzionatori contro la Federazione Russa di Vladimir Putin. È probabile, visti i rapporti positivi costruiti nel tempo, che la scelta sia stata sofferta dai residenti e rappresentanti politici della "Serenissima". Si confermano le numerose forme di collaborazione istituzionale pluriennale tra la piccola Repubblica e la Russia. Ne rende testimonianza la vicinanza, da parte dei russi, nei momenti della comparsa della pandemia da Covid 19. L'accordo bilaterale sulla somministrazione dei vaccini sottoscritto tra il ministro della salute italiano e le istituzioni del Titano non venne rispettato lasciando scoperta tutta la popolazione. Le istituzioni locali decisero di chiedere aiuto alla Federazione Russa. Nell'arco di un tempo limitato vennero fornite più di 30.000 dosi del vaccino russo Sputnik. Gli eventi accaduti con l'invasione da parte della Russia nei confronti dell'Ucraina orientale non lasciarono indifferenti la comunità ed i propri rappresentanti. Il Capo di Stato Beccari affermò: *"Davanti all'invasione russa verso parte dell'Ucraina San Marino non può restare indifferente. Difendere l'integrità territoriale, della Repubblica, significa nel concreto tutelare la nostra libertà ed indipendenza secolare.* Queste ultime decisioni, collegate direttamente all'approvazione parlamentare delle sanzioni comportarono l'inserimento del

Titano nella lista nera russa dei paesi ostili. Il Prof. Pellicciari in riferimento agli spostamenti di possibili capitali russi verso San Marino affermò: *"La realtà è che per attrarli non è sufficiente essere buoni amici della Russia, l'aspetto fondamentale è di esserne alleati in termini strutturali."*

Guerra e Media

Uno degli aspetti caratterizzanti del conflitto è la forma di informazione e comunicazione adottati dai diversi paesi. Sia in Occidente, sia in Russia vi è una attenzione nel merito ma nel concreto è presente, in termini di atteggiamento, un doppiopesismo. In Europa si informa per compattare l'opinione pubblica contro Mosca, almeno fino agli attacchi di Hamas di ottobre 2023, verso Israele. In Russia, viceversa, se ne parla ma con modalità meno martellanti. In certe circostanze, alcune TV e mezzi d'informazione moscovite lasciano adeguati spazi alle versioni dei paesi attualmente non allineati con il Cremlino. Un esempio sono alcune fonti di informazione italiana. Ad ogni modo la guerra ha creato, anche in termini mediatici, la logica della polarizzazione. Mi riferisco all'informazione di massa non alle riviste scientifiche riguardanti la geopolitica che, come stiamo vedendo, analizzano la realtà storica degli eventi, escludendo ipotetiche tifoserie attualmente controproducenti al raggiungimento della verità. È probabile che proprio le riviste scientifiche potranno fornire in futuro, agli storici, gli elementi necessari per raccontare alle future generazioni i fatti come sono realmente avvenuti isolando le fronde contrapposte di origine ideologica. Se si fa riferimento alle varie fonti di comando potremmo riconoscere che col passare del tempo gli oligarchi hanno via via perso sempre maggiore peso.[95] Come precedentemente definito, le forme di potere al Cremlino si sono alternate, negli ultimi venti anni, diverse volte. Dai servizi segreti, alla diplomazia, ..., ai militari. Pare infatti che una delle ragioni per cui Mosca è passata dalla politica degli aiuti, alla guerra frontale contro l'Ucraina è proprio grazie all'élite militare che ha esercitato pressioni sostanziali sulle decisioni della stessa Presidenza moscovita, in riferimento alle decisioni del Presidente che altro non sono che la sintesi di decisioni prese con i vertici del potere influente in quello specifico periodo.

L'Africa si Ribella

L'Africa attualmente è un continente costituito da circa cinquanta paesi. È una delle aree del mondo nella quale c'è una delle maggiori crescite a livello demografico. Se nell'UE l'età media si aggira intorno ai 41,7 anni in Africa lo stesso valore numerale è decisamente più basso. Si attesta a un livello pari a 18,6 anni. Per non parlare del Niger che, a quanto sembra dai dati alla mano, si attesta come il paese più

---

[95] Igor Pellicciari. Limes, La Guerra Grande. 07/2022 da p. 173 a p. 184

giovane del mondo.[96] L'Africa nella storia recente ha vissuto il colonialismo da diversi paesi europei ove sono state imposte regole ed imposizioni abbastanza pesanti e sicuramente non accettate dalle popolazioni locali. Gli esempi più importanti della colonizzazione sono rappresentati dalla Francia e, in parte, dall'Italia. Sin dal principio l'Europa ha pensato a uno schema geopolitico inclusivo del continente africano, immaginando un futuro d'integrazione euro africana. Per le ragioni legate al colonialismo gli europei hanno sempre catalogato il continente nero come un territorio di loro competenza trattando gli stessi abitanti come individui di serie B.[97] Gli elementi di cui sopra rappresentano i capisaldi fondamentali che danno il senso del sentimento di disprezzo che gli africani provano verso la comunità occidentale. Infatti potremmo tranquillamente affermare che ormai siamo stati inseriti tutti nello stesso calderone. I numerosi colpi di stato susseguitisi negli ultimi decenni di storia africana, al di là delle singole motivazioni strategico-politiche, hanno moltiplicato certamente le opportunità di ampliamento del sentimento negativo verso l'Europa. Il colpo di Stato, avvenuto a fine luglio 2023 in Niger, complica maggiormente il contesto, velocizzando il panorama internazionale e avviando processi nuovi che, probabilmente, in precedenza non erano ancora presenti. Il colpo di Stato nigeriano viene ritenuto diverso rispetto ai precedenti e risulta sistemico piuttosto che

---

[96] Editoriale di Limes. Africa contro Occidente. 08/2023 da p. 07 a p. 32
[97] Editoriale di Limes. Africa contro Occidente. 08/2023 da p. 07 a p. 32

politico. Si percepisce il ridimensionamento ed il sostanziale rifiuto verso le nazioni occidentali. Secondo il Direttore di Limes Lucio Caracciolo la Francia non ha più nessuna speranza per tentare di recuperare e riportare verso di sé l'Africa.[98]Gli africani stanno iniziando a desiderare la tutela della propria cultura rappresentata dalla varietà delle identità locali. La Russia viene percepita come una nazione amica,[99] in sintonia con gli interessi e gli obiettivi africani. L'impostazione politica di Vladimir Putin, per l'Africa, si presenta al continente come una opportunità da non perdere. Putin ha una certa popolarità positiva nel continente, sempre attraverso lo strumento del Valdai Forum Club tenutasi il 25/07/2023 a San Pietroburgo. Una conferenza con la partecipazione dei principali paesi africani che ha aperto a nuovi orizzonti sia per l'Africa che per la Russia. La repulsione africana, invece, verso l'Occidente col passare del tempo diventa sempre più marcato. Come tutti ben sappiamo, la Russia è ormai diventata la prima nazione nel contesto internazionale, più ostile e comunque alternativa al nostro mondo. Gli Stati Uniti d'America non hanno dato importanza al continente nero per diversi anni. Ora si rendono conto della possibile rilevanza che lo stesso continente potrebbe esercitare in futuro. Gli USA sono arrivati in ritardo e, ciò, potrebbe rappresentare una probabile o quanto meno parziale esclusione dagli interessi internazionali che si stanno muovendo in Africa.[100] La Russia

---

[98] Editoriale di Limes. Africa contro Occidente. 08/2023 da p. 07 a p. 32
[99] Editoriale di Limes. Africa contro Occidente. 08/2023 da p. 07 a p. 32
[100] Editoriale di Limes. Africa contro Occidente.08/2023 da p. 07 a p. 32

e la Cina sono nei fatti i nuovi padroni della Regione. La prima si è distinta con gli aiuti alimentari (invio del grano anche a titolo gratuito) e con la presenza delle proprie milizie militari come la Wagner. La seconda ha attivato costanti forme di dominio commerciale infiltrandosi gradualmente nell'economia africana. Il continente nero può essere considerato come la terra delle contraddizioni risultando, molto spesso poverissimo e contemporaneamente ricchissimo di materie prime, diamanti e pietre preziose. Poverissimo invece per l'assenza di una seria organizzazione dell'industria e del mondo del lavoro. Infatti in Africa gli stessi abitanti sono costretti a vivere alla giornata come raramente si verifica in altre società del mondo. Il prete Don. Armanino viene intervistato da Limes. L'intervista viene pubblicata all'interno della rivista nel numero 08/2023 dedicato in modo specifico, alle problematiche del continente africano. Don. Armanino definisce l'Africa con la seguente citazione: *"Qui comanda la sabbia,"* col tentativo esplicito di far capire le caratteristiche d'instabilità che la popolazione deve affrontare ogni giorno. Inoltre può essere ritenuto un doppiopesismo. Da un lato la presenza della sabbia in Africa attesta la caratteristica principale del proprio territorio, dall'altra la sabbia viene paragonata a caratteristiche terrene fluide e variabili con una limitata presenza di punti fermi a livello economico. Le difficoltà della sussistenza in alcune frange della popolazione porta alla creazione di possibili fibrillazioni sociali che sicuramente si ripresentano ciclicamente. Ad ogni modo è possibile ritenere l'atteggiamento africano verso la Francia astioso, ne sono testimonianza le violente manifestazioni antifrancesi. Il tricolore francese è stato bruciato per le strade delle città del Burkina Faso, del Mali e da ultimo del Niger. Le ragioni storiche delle rispettive ostilità si fondano su fatti concreti e verificabili. Questa situazione affonda le proprie origini nella così definita Françafrique. La stessa può essere ritenuta come una articolata rete di relazioni post coloniali e neo coloniali.[101] Uno degli esempi rappresentativi del dominio francese sull'Africa è riferibile al periodo temporale tra il 1960 e il 1973 durante le presidenze De Gaulle e Pompidou. L'obiettivo fondamentale per la Francia era di sfruttare il più possibile le colonie africane al fine di reperire più materie prime possibili a basso costo funzionali ad una maggiore efficienza dell'industria francese.[102] Possiamo dunque immaginare che se gli atteggiamenti della Francia fossero stati meno altezzosi e, in definitiva, più rispettosi delle esigenze delle comunità locali avrebbe probabilmente ottenuto una maggiore condivisione e rispetto. Oggi le porte e i portoni sono aperti, come visto, a Russia e Cina.

---

[101] Editoriale di Limes. Africa contro Occidente. 08/2023 da p. 51 a p. 55
[102] Editoriale di Limes. Africa contro Occidente. 08/2023 da p. 51 a p. 55

L'Asia Centrale Diventa Contendibile

"Mosca sta dissipando influenza e credibilità nei cinque stati ex sovietici contrari alla guerra e al reclutamento di loro emigrati. Il Cremlino conserva potenti strumenti di pressione ma Pechino avanza una infrastruttura dopo l'altra."[103] Nell'articolo l'autore Mauro De Bonis effettua un'analisi accurata sulle conseguenze, in termini di schema d'influenza, sui paesi ex sovietici ancora strettamente collegati a Mosca ma, a seguito del conflitto in Ucraina, queste aree possono, in termini oggettivi, diventare contendibili da parte di altre nazioni. L'esempio più rilevante è la possibilità per la Cina di moltiplicare la propria sfera d'influenza nell'area, assottigliando gradualmente l'acquisita potestà sugli stessi da parte della Federazione Russa.[104] I paesi soggetti alle nuove sfere d'influenza, in particolare in ambito commerciale, sono i cinque di seguito citati: Kazakistan, Uzbekistan, Turkmenistan, Tagikistan, Kirghizistan. Quest'ultimi sono attori di prima linea di un riadattamento dei rapporti di forza tra le grandi potenze. Proprio nell'attesa, anche lunga, della ridefinizione delle forze globali attivate dalla guerra Russo-Ucraina. Mauro De Bonis afferma: *"La Russia per il momento non molla il suo giardino centro asiatico, i paesi sopra citati sono tutt'ora legati a doppio filo alla Federazione Russa."* L'analisi è riferita sia all'aspetto commerciale che all'ambito di

---

[103] Mauro De Bonis. Limes. l'Ombra della bomba. 09/2022 da p. 195 a p. 203
[104] Mauro De Bonis. Limes, l'Ombra della bomba. 09/2022 da p. 195 a p. 203

sicurezza. L'influenza commerciale russa è rappresentata da una cospicua presenza di imprese russe nell'area e prosegue nella migrazione verso la Federazione di giovani provenienti dagli Stati sopra citati. Questo processo si rafforza anche grazie alla promessa da parte del Cremlino di assegnare ai migranti la cittadinanza russa. Essi devono avere un anno di servizio militare nelle file schierate al fronte. Queste decisioni moscovite però causano la disapprovazione da parte delle istituzioni politiche dei paesi di appartenenza. Queste prese di posizione comportano una possibile contendibilità dell'area centro-asiatica. Il Governo Kazako manifesta, col passare del tempo, una maggiore autonomia aprendosi a nuove trattative in particolare con Pechino. Simbolico è il progetto di costituzione di una ferrovia che unisca la Cina all'Europa escludendo la Russia. Gli elementi divergenti tra Pechino e Mosca tra paesi e ambiti coinvolti sono molteplici. Inoltre, anche gli USA, proseguono nel tentativo d'infiltrazione nei giochi in atto nello scacchiere centro-asiatico. Ad ogni modo, al di là delle singole prese di posizione nel gioco internazionale, non conviene la divisione tra le due potenze. Al di là delle dinamiche di equilibrio internazionale nell'area centro asiatica a Mosca e Pechino conviene la ricerca di una sintesi geopolitica e geoeconomica favorevole e positiva per entrambe. La cultura russa è sicuramente più prossima alle fondamenta culturali dell'Europa ma come, abbiamo visto precedentemente, i rapporti si sono raffreddati sempre di più per motivazioni legate alle alleanze internazionali. A seguito di queste nuove dinamiche la Cina ha effettivo gioco facile ad influenzare direttamente la Russia in termini sia economici che geopolitici. Per queste ragioni la Federazione è consapevole del rischio di essere gradualmente gambizzata dal gigante asiatico, ma nello stesso tempo il supporto di Pechino risulta vitale per il particolare periodo storico che la Russia sta attraversando. Allo stesso modo Pechino, per continuare ad aspirare alla primazia mondiale, è per essa necessario che Mosca non perda, in modo vistoso, la guerra. La Cina è consapevole che una sconfitta pesante russa sul campo ucraino segnerebbe l'inizio di un possibile declino in campo economico. È evidente che i due paesi sono strettamente collegati da interessi strategici, economici e politici. Come già accennato, il Valdai Club 2022 e lo stesso Valdai Forum 2023, tenuto anch'esso in Russia alla presenza dei principali leader africani, danno chiara forma di una sintesi commerciale che certamente intravede una mutazione degli interessi economici mondiali, ovvero la volontà da parte della Federazione Russa di agganciare i propri interessi alle economie emergenti. Per queste ragioni una sconfitta o una vittoria a Kiev potrebbe determinare il cambio di passo negli equilibri geopolitici e geoeconomici mondiali.

Evoluzioni Economiche

Secondo uno studio elaborato da Gian Paolo Caselli[105] il quale esprime riflessioni allarmanti sui possibili sviluppi dell'economia russa in merito alle sanzioni. Quando questo scritto venne stilato dall'autore (anteguerra) la Russia, forse non aveva ancora affinato le nuove modalità di recupero di merce necessaria come descritto in precedenza attraverso il meccanismo della triangolazione. Certamente le dinamiche attivate dal nuovo sistema sanzionatorio non possono risultare irrilevanti al sistema economico russo. Secondo Caselli le sanzioni colpiranno nuovamente la fragile economia russa. Il sistema è ritenuto debole per ragioni legate alla mancanza di un ceto borghese consolidato come avviene nei paesi occidentali. Inoltre, nell'articolo si afferma che le fasi economiche, in periodo putiniano, sono sostanzialmente due:

a) FASE ESPANSIVA
b) FASE NEUTRA

La prima è circoscritta agli anni 2000-2008. In quel periodo la crescita russa si è attestata mediamente all'8% annuo del PIL. La seconda, dal 2008 in avanti, non ha registrato rilevanti standard di crescita. Si è mediamente cercato di mantenere gli standard acquisiti. La problematica rilevante è che le tracce dello Stato sovietico sono ancora presenti. Il

---

[105] Gian Paolo Caselli. Limes, La Guerra Grande. 07/2022. da p. 185 a p. 191

tessuto economico non è maturo per poter essere definito appartenente ad una economia evoluta, sicché è possibile argomentare che le sanzioni possano essere fatali per l'economia russa. Una parte sostanziale degli introiti sono ed erano legati alla vendita di gas naturale e petrolio. Con il presentarsi del nuovo fronte di guerra molti paesi europei hanno iniziato a diversificare le modalità di approvvigionamento. Ovviamente, questo processo necessario non può essere immediato. La mancata efficacia d'azione, infatti, ha esposto a seri problemi economici paesi come l'Italia e la Germania. Paesi maggiormente collegati alle forniture del gas russo. L'Italia, in particolare nel 2022, si è ritrovata a fare i conti con rincari rilevanti sulle forniture nell'arco di pochissimi mesi creando così un nuovo problema di sostenibilità a famiglie ed imprese. Diversi osservatori commentano che molte imprese italiane hanno addirittura subito il doppio gioco. Ovvero forti rincari energetici per la produzione da un lato e dall'altro la perdita della clientela russa che ha dovuto rivolgersi altrove. In definitiva se l'UE non riuscirà a fornire una sintesi complessiva sul problema energetico, la fuoriuscita complessiva dalla crisi risulterà più complessa. A mio avviso, solamente una vera unità europea sull'energia, potrebbe essere strumento utile per trovare tutte le soluzioni ritenute necessarie per la risoluzione dei problemi di natura economica. In alternativa bisognerà veramente affidarsi alle politiche previste dallo Friend Schering. Se nell'epoca attuale della guerra in Ucraina si dovessero descrivere i rapporti internazionali della Russia, potremmo affermare che escludendo l'UE, gli USA, il Giappone e l'Australia, la Federazione Russa ha tessuto, anche in questo ultimo biennio, rapporti positivi con diversi paesi del mondo. Grazie ad un proficuo lavoro delle ambasciate russe ed al rapporto di fiducia costruito nel tempo con molte personalità di Governo. In realtà anche l'Italia fino a inizio 2022, prima di accordarsi con gli USA e l'UE era integrata e ben inserita come paese amico della Russia beneficiandone in ambito principalmente energetico. Diversi capi politici italiani hanno mantenuto rapporti di amicizia con Putin, favorendo nel concreto l'economia italiana, grazie al prezzo di favore, del gas naturale, inviato da Mosca verso l'Italia. Pellicciari[106] scrive di un concreto sgomento, da parte del popolo russo, per il radicale cambio di atteggiamento da parte del nostro paese nei loro confronti e conseguentemente è stata intrapresa una via di inevitabile chiusura da parte russa e controproducente per la nostra economia. Azioni che ritengo contrarie al buon senso. Preferibilmente era opportuno creare un'asse neutrale da parte della nostra nazione rispetto al conflitto russo - ucraino. La nostra attuale posizione, invece, ci colloca in un contesto non così favorevole impedendo all'Italia di esercitare il ruolo di mediatore nel momento della conclusione del conflitto, ruolo che probabilmente verrà assegnato alla Turchia. Le sanzioni occidentali e le contro sanzioni russe sono un elemento che ormai fanno parte della quotidianità. È utile sottolineare che i russi si sono,

---

[106] Igor Pellicciari. Limes, La Guerra Grande. 07/2022 da p. 173 a p. 184

comunque, abituati al vivere occidentale, in particolare ci si riferisce alla moda, allo stile di vita, all'apprezzamento dei cibi. Le sanzioni, certamente, creano l'effetto barriera. È verosimile però che la popolazione russa dopo aver apprezzato per anni le abitudini occidentali, vi sia l'esigenza da parte del popolo di tutelare le conquiste ottenute con l'occidentalizzazione culturale a seguito della caduta del muro di Berlino. Un breve riassunto della guerra in corso fa intendere che la Russia immaginava un intervento lampo, ipotizzando che le "barricate" ucraine crollassero quasi nell'immediato. In realtà, il contesto ha rivelato una situazione molto diversa. Gli ucraini, al contrario, hanno espresso un grande senso di appartenenza alla propria patria sorprendendo Mosca agendo con azioni che attestano un grande senso di patriottismo esercitando un forte desiderio di contrasto all'invasione con un evidente sostegno militare occidentale. Nel concreto, ha trasformato il conflitto da una guerra lampo alla progettazione di un conflitto d'attrito permanente molto lungo. Mirco Mussetti,[107] si richiama ai retropensieri russi. "Ovvero *"Noi siamo un Impero, una Potenza Globale". "Non è possibile che l'Ucraina ci continui a sottrarre spazi portuali per l'interscambio delle merci." Si ritiene, quasi doveroso, permettere alla Russia di avere una vera e concreta serie di porti sia sul Mar Nero, sia sul Mar d'Azov. Infatti è la Federazione Russa a dover avere la giusta autorità, verso il mondo esterno, in termini di scambi commerciali."* A riferirlo, all'inizio dell'estate 2022, è lo

---

[107] Mirko Mussetti. Limes, 07/2022, Lo schiaccia sassi russo. da p. 201 a p. 207

stesso Ministro russo Sergej Lavrov. È evidente che all'inizio gli obiettivi erano certamente di conquistare le Repubbliche indipendentiste di Donec'k e Luhans'k nel Donbass. Successivamente l'area di conquista dei russi si è estesa ad un territorio decisamente più vasto. Il Ministro[108] quando parla di altre aree sicuramente si riferisce al territorio di Kherson e Zaporizhzhia. Il territorio da conquistare è dunque decisamente, nell'immaginario russo, ben più vasto rispetto a febbraio 2022. Un aspetto è legato all'interventismo nel conflitto da parte degli USA. Il coinvolgimento filo ucraino degli Stati Uniti d'America esprime chiaramente una presa di posizione, da parte statunitense, che profuma molto di seconda guerra fredda dove si utilizzano i finanziamenti di armi all'Ucraina per abbattere lo storico nemico, l'Orso Russo. La Presenza di un arrivo spropositato di armi NATO a Kiev ribalta di molto gli equilibri internazionali. Non solamente sul campo ucraino ma soprattutto a livello globale. La guerra non è più un mero scontro tra ex Repubbliche sovietiche ma, viceversa, si crea un fronte occidentale a Kiev. Questo nuovo fronte, nel cuore dell'Europa, ha la funzione di proteggere il blocco occidentale dalle possibili incursioni russe. Infatti, anche Mosca giustifica l'attacco militare affermando spesso che la NATO non può e non deve sbarcare definitivamente sul territorio Ucraino. Questo è probabilmente il vero obiettivo strategico di questa guerra. Tutti gli altri paesi, Italia compresa, sono attori intermedi che devono decidere

---

[108] Sergej Lavrov. Ministro del Governo Moscovita.

solamente da che parte stare. Il duello si gioca, come evidenziato, già in diverse occasioni sulla macro scala tra USA e Cina. In termini militari,[109] l'Ucraina riceve periodicamente forniture di armi dagli Stati Uniti e dalla stessa Europa, ovviamente le modalità e le quantità di armi fornite sono diverse. La stessa tecnologia è certamente evoluta ma non al livello delle armi utilizzate direttamente dalla NATO. I russi ne sono consapevoli. Quest'ultimi sanno anche che in assenza dell'interventismo occidentale Kiev sarebbe già stata conquistata da tempo. Le stesse ritirate strategiche della Russia possono apparire dele forme di debolezza militare ma nella realtà potrebbero risultare metodi militari tattici per oscurare al nemico i veri obiettivi che si vogliono raggiungere. Successivamente, vi sono le prese di posizione dei paesi europei che anch'essi rimodulano le forme di aiuti da regolare in base alle reali possibilità di ciascuna nazione. Un esempio è rappresentato dalla Germania."[110] Secondo il quotidiano tedesco "Die Welt", la Germania avrebbe già ridotto le forniture di armi all'Ucraina, a dispetto delle promesse di ampliamento degli aiuti militari. Stando all'elenco del Governo federale, pubblicato il 21. 06. 2022, nella prima settimana di luglio Kiev avrebbe ricevuto da Berlino 42.000 razioni alimentari e nella seconda 102 veicoli non corazzati. Il Ministro ucraino Demytro Kuleba esprime posizioni in merito agli spiragli di pace molto

---

[109] Mirko Mussetti. Limes, 07/2022. Lo schiaccia sassi russo. da p. 201 a p. 207
[110] Mirko Mussetti. Limes, 07/2022. Lo schiaccia sassi russo. Da p-. 201 a p. 207

rigide e poco possibiliste. La posizione è rappresentata dalla convinzione che Mosca si siederà al tavolo delle trattative solamente quando vi sarà una netta sconfitta russa sul campo. Inoltre l'Ucraina, nella scorsa estate del 2022 si poneva la fatidica domanda di quale sarà la reale posizione militare adottata da parte di Minsk. È risaputo che il legame con Mosca da parte della Bielorussia è molto stretto. La nazione è concretamente un satellite della Russia e anch'essa è colpita dalle sanzioni. Un ingresso della stessa nazione nel conflitto potrebbe diventare l'elemento di conversione strategica della guerra anche se potremmo dire che in verità Mosca non ne ha bisogno.

L'Opinione

Comprendo, a fronte delle diverse letture effettuate, che la Russia con lo stato di guerra sta cercando di porre un ostacolo concreto al nuovo ordine mondiale a guida americana, con la conseguenza che il sistema di controllo assoluto della collettività mondiale verrebbe coperto dai sistemi democratici vigenti in Occidente. Come visto nel capitolo che analizza il sistema istituzionale russo, siamo di fronte ad una oligarchia accentratrice dove i margini di libertà individuale sono certamente ridotti. Ad ogni modo reputo peggiore una forma di controllo totale senza regolamentazione di una comunità che ingenuamente crede di essere libera ma in realtà non lo è, condizionata in modo assoluto da media e social media come lo è la nostra, rispetto a quelle società che alla luce del sole affermano apertamente che determinate libertà da loro non possono esistere. Ritenendo però, se realmente concretizzati, che i valori di libertà e democrazia sono di molto superiori a qualsiasi altro sistema istituzionale e politico. Risulta evidente che Mosca sta cercando di porre un freno a queste variegate evoluzioni. Il punto di vista russo, sulla sovranità dei popoli è a mio parere condivisibile ed in certi contesti ragionevole. Reputo l'appiattimento culturale e religioso dell'Occidente uno dei problemi principali che affliggono seriamente la nostra cultura e le nostre origini. Mi riferisco nel particolare all'Europa occidentale che a mio avviso risulta dominata da una evoluzione di secolarizzazione molto forte. La stessa Chiesa Cattolica sta agendo con metodi ed atteggiamenti contrari alle scritture racchiuse nella Bibbia di Gerusalemme.

CAPITOLO QUINTO

Secondo la rivista di geopolitica GeoTrade, n° 4 di agosto 2022, si analizzano a fondo le ragioni dell'origine della guerra Russo-Ucraina con una ampia analisi dei modelli sanzionatori attivati dalla UE e dagli USA nei confronti della Federazione Russa. Partendo dal primo aspetto, le origini della guerra sono analizzate attraverso il movente più importante che ha spinto la Russia ad attaccare Kiev. Sembra, a quanto pare, che il 2022 per la Federazione Russa è stato l'anno della sua svolta in termini geopolitici. La Russia ha come deciso di non fare più parte dello schema globalistico atlantista. L'Ucraina diventa il movente della rottura definitiva con i paesi occidentali, auspicando nell'aumento di rapporti coordinati con i paesi asiatici. In prima linea vi sono infatti la Cina e l'India. Paesi, come abbiamo già visto, emergenti economicamente ma anche popolati da un numero molto alto di cittadini. Circa tre miliardi di persone. La Russia è uno dei paesi più ricchi di materie prime al mondo. In particolare in riferimento agli idrocarburi. Ha la necessità per la salvaguardia della propria economia di commerciare, in modalità sempre più estesa, le proprie materie prime per conservare determinati range di crescita economica. Inoltre si afferma[111] che è probabile che al Cremlino si sia iniziato ad avere paura su un ipotetico effetto "Isolamento Geopolitico Internazionale." In definitiva

---

[111] GeoTrade. Agosto 2022 n° 4; La bomba delle sanzioni.

a Mosca non piaceva il contesto che si stava delineando, con il rischio oggettivo di diventare una nazione senza peso specifico a livello internazionale. Per queste ragioni, spaventata da un ipotetico effetto soffocamento da parte degli USA e dell'UE da un lato e dalla Cina e paesi asiatici dall'altra, ha intravisto come unica carta da giocarsi la guerra verso Kiev. Bisogna sempre ricordare, come analizzato precedentemente, che in questo momento al Cremlino a prendere le decisioni governative è l'élite militare. Il Governo moscovita sta realizzando la quarta fase di Governance nell'epoca putiniana. A tale riguardo, colgo nuovamente l'occasione di riaffermare che lo Zar Russo non è assolutamente un uomo solo al comando. Ma, viceversa, deve spesso assoggettarsi ai desideri dell'élite che al momento è predominante nella Federazione. La rivista GeoTrade, di Agosto 2022, fa anche una analisi accurata sulle reazioni dei paesi integrati nell'Alleanza Atlantica dal 24.02.2022 in avanti. Analizzando in modo esecutivo i primi otto pacchetti sanzionatori verso la Russia che fotografano con chiarezza le tendenze e gli obiettivi che il blocco occidentale vorrebbe raggiungere. Le loro caratteristiche, gli obiettivi che sia l'UE sia gli USA si sono prefissati e che intendono raggiungere nel prossimo futuro sono sintetizzati nell'interessante articolo[112] redatto dal Dott. Paolo Quercia direttore della rivista. Si afferma infatti che le sanzioni europee verso Mosca sono basate sullo stesso schema strutturale dei provvedimenti sanzionatori approvati nel 2014 alla stessa Federazione

---

[112] GeoTrade. Agosto 2022 n° 4; La bomba delle sanzioni.

Russa dopo la conquista militare della Regione della Crimea, ma sia l'intensità dei pacchetti approvati sia gli obiettivi che si desidera realmente raggiungere sono completamente diversi. Se nel 2014 le sanzioni sono state pensate ed attivate in forma di avvertimento, ma escludendo il tentativo concreto di depotenziare l'economia russa nel 2022. I primi otto pacchetti sanzionatori di seguito descritti, si modificano radicalmente[113] rispetto ai precedenti, avendo lo scopo di gambizzare gradualmente l'economia russa. Se inizialmente il primo obiettivo dei nuovi pacchetti di sanzioni era di fermare l'avanzata del processo bellico ora, a quasi due anni di distanza, l'idea prevalente in Occidente è di attivare meccanismi che portino ad un processo di graduale collasso del sistema economico e dello stato sociale in Russia, con l'auspicio che il consenso, da parte del popolo russo, si ridimensioni in termini di gradimento verso le decisioni prese al Cremlino. Auspicando, da parte USA, di attivare processi interni di dissenso per raggiungere l'obiettivo del colpo di Stato.[114]Se gli obiettivi politici sono fondati su questo preciso stato di cose potremmo, a questo punto, parlare dello scambio dei ruoli nella guerra. Se a febbraio 2022, era Vladimir Putin a voler sostituire Zelensky con un suo uomo di fiducia, oggi possiamo iniziare ad ipotizzare che gli USA potrebbero immaginare la caduta dello Zar Russo. Questa operazione potrebbe risultare una ottima tattica per destabilizzare gli equilibri che la Russia sta tessendo da

---

[113] GeoTrade. Agosto 2022 n° 4; La bomba delle sanzioni.
[114] Paolo Quercia. GeoTrade n° 4 La bomba delle sanzioni. Agosto 2022 n° 4 da p. 14 a p. 47

diverso tempo con la Cina.[115] Reputo al momento tale evenienza fantapolitica ritenendo che un eccessivo indebolimento della Russia creerebbe un problema serio anche per gli USA. Le sanzioni economiche alla Russia hanno rinnovato e ridisegnato l'approccio nella politica estera dei singoli paesi non solamente in termini politici ma nel particolare a livello economico.[116] In principio si afferma che le nuove sanzioni dell'UE verso la Federazione Russa sono molto diverse, in particolare a livello di obiettivo, come si è precedentemente constatato. Il 2022 verrà percepito come l'anno della rottura, quasi definitiva, tra Occidente e Oriente con pochissime possibilità di ritorno ai rapporti di forza in essere prima del conflitto. I provvedimenti del 2022 diventano fondamentali per il nuovo approccio geopolitico non solo verso i paesi ritenuti avversari ma anche tra alleati.[117] Concretamente le sanzioni diventano un metro di misura per valutare il grado di appartenenza dei singoli paesi europei verso il patto atlantico. Quest'ultimo può essere ritenuto un esempio valido di affidabilità o non affidabilità con il rischio di violare il principio di sovranità dei singoli paesi. Aggiungo che una delle motivazioni dello scoppio bellico del 24.02.2022 è legato proprio a questo timore. Mosca ha, come si accennava, percepito di correre, nel futuro, il "rischio schiacciamento" tra uno dei contendenti

---

[115] Paolo Quercia. GeoTrade La bomba delle sanzioni. Agosto 2022 n°4 da p. 14 a p. 47
[116] Paolo Quercia. GeoTrade La bomba delle sanzioni. Agosto 2022 n°4 da p. 14 a p. 47
[117] Paolo Quercia. GeoTrade La bomba delle sanzioni. Agosto 2022 n°4 da p. 14 a p. 47

della futura primazia mondiale. Un timore fondato viste le caratteristiche economiche e militari degli USA e l'evoluzione pluridecennale dell'ampliamento e moltiplicazione del PIL cinese, nonché l'intenzione della NATO di desiderare una graduale e propria estensione verso EST, considerando che la scelta strategica può essere ritenuta un errore per la salvaguardia della sicurezza mondiale. *"In un mondo geopoliticamente sempre più complesso e conteso da blocchi contrapposti le sanzioni rischiano di diventare una dimensione strutturale della politica estera tra nazioni in competizione sicuramente geo-economica ma nello stesso tempo-geo-politica."*[118] Questa nuova realtà ha inevitabilmente creato le condizioni per lo scontro militare in Europa, tenendo ben presente che la dinamica geopolitica odierna si è via via modificata dalla caduta del muro di Berlino (09.11.1989) ad oggi. Nella guerra fredda il mondo bipolare era caratterizzato da una contrapposizione tra due blocchi ben definiti sia in termini economici che politici. L'URSS da una parte e gli USA dall'altra. Ognuno dei rispettivi modelli portavano con sé una serie di paesi e popoli "satellite" nelle proprie aree d'influenza. Con la fine dell'URSS il mondo bipolare si è convertito per alcuni anni in modalità unipolare. Questo nuovo contesto può essere ritenuto una "illusione ottica" statunitense. Con l'avanzata, infatti delle economie orientali, in particolare della Cina, gli attriti tra Oriente e Occidente sono diventati sempre più

---

[118] Paolo Quercia. GeoTrade La bomba delle sanzioni. Agosto 2022 n° 4 da p. 14 a p. 47

frequenti ed inevitabili. La guerra del 2022[119]testimonia il desiderio di impostare nuovamente i rapporti di forza. Principalmente economici ma inevitabilmente geopolitici in termini planetari.[120] *"Dal lato delle imprese, la gestione tecnica delle sanzioni ed il loro impatto sulle operazioni aziendali, l'analisi e la valutazione del rischio sanzionatorio e del suo effetto sulla competitività diventeranno con questo conflitto un elemento strutturale e permanente sia in riferimento alle strategie d'impresa che alla stessa tecnica di commercio con l'estero. Sarà dunque sempre più necessario per le aziende dotarsi di programmi e strumenti di gestione e di politica aziendale in tutela del rischio sanzionatorio capaci di adattarsi tempestivamente alle mutevoli dinamiche."[121]* A mio avviso la reale cartina di tornasole degli effetti delle sanzioni sull'economia russa potrebbe essere delineata nel 2024. Le conseguenze delle stesse sull'economia europea sono in parte già visibili nel 2023 come dal contesto della decrescita dell'economia tedesca. In base alle parziali analisi dell'andamento dell'interscambio commerciale tra Italia e Russia è possibile già stimare perdite di circa un miliardo di euro sull'annualità del 2022 e di due miliardi di euro di interscambi sul 2023.[122]

---

[119] GeoTrade. La bomba delle sanzioni agosto n° 04/2022
[120] GeoTrade. La bomba delle sanzioni agosto n° 04/2022
[121] Paolo Quercia. GeoTrade La bomba delle sanzioni
agosto 2022 da p. 14 a p. 47
[122] Paolo Quercia. GeoTrade La bomba delle sanzioni
agosto 2022 da p. 14 a p. 47

Le Sanzioni Smart e le Sanzioni Global

Questa definizione, sanzioni smart, appare anch'essa su GeoTrade, Vol. n°4 di Agosto 2022, motivandone il reale significato. Questo principio è al momento sospeso. Nel senso che come già elaborato in precedenza le "Smart Sanction" sono uno strumento sanzionatorio mirato e dunque ritenuto intelligente. Il contesto politico e militare attuale a livello globale non favorisce processi di questa natura a causa dell'alta tensione nelle relazioni internazionali. Questa realtà potrebbe essere definita, a mio avviso, come "Global Sanction" mia codificazione; ovvero l'estensione in termini indefiniti nello spazio e nel tempo degli strumenti sanzionatori. Questo cambiamento è dunque inevitabile nel contesto storico in cui ci troviamo. Un contesto che ha dimenticato il concetto di riferimento alla mediazione politica e geopolitica. La modalità "Smart Sanction" potrebbe risultare idonea e proficua per raggiungere obiettivi possibili e ragionevoli. A quanto sembra in termini mondiali le diverse iniziative in campo stanno dirottando la maggioranza delle risorse verso un rafforzamento dello scontro militare lasciando spazi pressoché pari a zero alla logica della mediazione. In realtà è dunque possibile affermare che le sanzioni in modalità smart potrebbero aiutare il raggiungimento della pace e la conclusione, nel prossimo futuro, dello scontro militare. L'attuale regime sanzionatorio "Global Sanction" al contrario estremizza lo scontro tra le parti comportando l'allontanamento progressivo in qualsiasi ambito della Federazione Russa verso l'Occidente. Questo processo non può far altro che avvicinare Mosca al mondo asiatico. Questa progressiva scissione ristruttura una nuova forma moderna e contemporanea della logica bipolare presente fino al 1989 con l'unica differenza che lo scontro è ormai planetario e multipolare vista l'avanzata in ambito economico e demografico dell'India. La dinamica non è che la conclusione dell'attuale globalizzazione come l'abbiamo conosciuta fino ad oggi. In riferimento ai nuovi sviluppi di guerra in Israele non è possibile pensare ad una evoluzione di natura Smart in ambito sanzionatorio. È sempre più scontata una evoluzione globalistica legata alle "Global Sanction". Considerando nello specifico le diverse formule di guerra e conflitto presenti in data odierna, 30/12/2023, nel mondo. Grazie alla probabile estensione delle forme di conflitto è possibile ipotizzare che proprio potrebbe essere il mondo, a logica globalistica, a pagarne il prezzo più elevato.

Il Deterioramento Internazionale

Il Regolamento UE 833/2014 è uno dei documenti chiave per comprendere l'origine delle attuali sanzioni in vigore alla Federazione Russa. Nei pacchetti sanzionatori, approvati dalla UE nel 2022 e 2023, viene modificata l'intensità dei provvedimenti rispetto a quanto deciso nel 2014. Questa scelta viene fatta per ragioni di opportunità rispetto alla precedente invasione della Regione Ucraina di Crimea rispetto a quanto avvenuto nel Donbass a inizio 2022. Il livello degli interessi in gioco, sia per i russi, sia per gli americani, sono decisamente rilevanti. Ovvero in riferimento alla Crimea inferiori mentre per il caso specifico del Donbass le aspettative e gli stessi interessi in gioco sono decisamente superiori. Alcuni ipotizzano che anche Pechino potrebbe nutrire forti interessi economici su questa area. Il deterioramento delle relazioni tra Mosca e l'Occidente si è realizzato a seguito della sospensione della Federazione Russa alla partecipazione al G8. Giunto a riprova del convinto e condiviso non riconoscimento da parte occidentale della annessione della Crimea da parte della Russia. Rimane la dichiarazione congiunta rilasciata il 16.03.2014 dell'allora Presidente della Commissione Europea Josè Barroso e da Herman Van Rompuj all'epoca Presidente del Consiglio Europeo che unitamente in lingua inglese dichiarano: *"The Euripean Union considers the holding of the referendum on the future status of the territory of Ukraine as contrary to the ukrainian costitution and international law. The referendum is illegal and illegitimate and its outcome Will not be recognised".* Tradotto: *"L'Unione Europea ritiene contrario alla costituzione ucraina e al diritto internazionale lo svolgimento*[123]*del referendum sul futuro status del*

---

[123] Matteo Fulgenzi. La guerra delle sanzioni. L'Unione Europea e la Federazione Russa nell'era dell'interdipendenza economica globale – 2021 (PU) - Il Cerchio – Iniziative editoriali. p. 61

territorio ucraino. Il referendum è illegale ed illegittimo."[124]

È evidente che questo stato di cose ha inevitabilmente creato diverse forme di tensione tra Occidente e Russia. Da quanto è stato possibile apprendere dalle diverse letture che ho effettuato per comprendere le ragioni vere del conflitto in corso sono arrivato alla conclusione concettuale che le colpe del contrasto sono, come minimo egualmente distribuite. L'Occidente pare non intenda comprendere le ragioni strategiche della Federazione Russa, la Russia sta agendo con modalità, a stile imperialistico, dimenticandosi che il muro di Berlino è definitivamente crollato e che l'Unione Sovietica resta un ricordo. Inoltre il mondo bipolare presente fino al 1989 non esiste più. A inizio anni 90 nel globo è stato avviato un nuovo modello economico e geopolitico rappresentato dalla globalizzazione. L'attuale scontro tra le parti nel mondo odierno ha sicuramente un suo senso. La logica globalista è, molto probabilmente, al capolinea e per questi motivi è necessario riequilibrare i nuovi assetti sia in termini macroeconomici che geopolitici aprendosi quanto prima ad un mondo multipolare a livello economico. L'Ucraina non è altro che il frontespizio di un problema dei nuovi asset. L'incognita della Cina con le problematiche collegate a Taiwan resta sullo sfondo. Quest'ultimo elemento è certamente capace di far scoppiare la terza guerra mondiale. Ad ogni modo sembrerebbe che allo stato attuale il dialogo

---

[124] Matteo Fulgenzi. La guerra delle sanzioni. L'Unione Europea e la Federazione Russa nell'era dell'interdipendenza economica globale – 2021 (PU) - Il Cerchio – Iniziative editoriali. p. 61

tra Russia ed Occidente risulti come un confronto tra sordi.

Le Sanzioni alla Russia

Il 17.03.2014 l'Unione Europea ha inaugurato l'iter sanzionatorio verso tutti coloro che si sono adoperati per la riduzione progressiva della sovranità e l'integrità dello Stato ucraino.[125]Il 23.06.2014 sempre l'Unione Europea ha disposto un embargo totale sulle importazioni di beni e servizi provenienti dalla Crimea. Inoltre, sono state bloccate quasi integralmente le esportazioni di prodotti, servizi e capitali di origine comunitaria verso la penisola. "Per quanto concerne la Russia un reale inasprimento degli strumenti sanzionatori si sono verificati solamente dopo il 17.07.2014 a seguito dell'incidente del volo di linea MH 17 della Malaysia Air Lines nei cieli della Regione di Donetsk."[126] A tale riguardo anche il Consiglio delle Nazioni Unite prese nel merito provvedimenti mirati attraverso la risoluzione 2166 (2014). Quest'ultima considerazione rende note le forme di tensione già presenti a livello internazionale. Il fronte ucraino risultava già in quegli anni molto caldo. A seguito dell'evento appena citato, l'Unione Europea ha iniziato ad assumere un atteggiamento molto più in sintonia con gli

---

[125] Matteo Fulgenzi. La guerra delle sanzioni. L'Unione Europea e la Federazione Russa nell'era dell'interdipendenza economica globale - 2021 (PU) - Il Cerchio - Iniziative editoriali.
[126] Matteo Fulgenzi. La guerra delle sanzioni. L'Unione Europea e la Federazione Russa nell'era dell'interdipendenza economica globale - 2021 (PU) - Il Cerchio - Iniziative editoriali. p. 63

USA; deliberando ed approvando, come vedremo in seguito, regolamenti specifici contro la Russia che altro non sono che l'approvazione delle sanzioni. "In data 27.06.2014 viene sottoscritto l'accordo di associazione tra l'Ue e l'Ucraina che attraverso lo stesso si gettano le fondamenta di un articolato quadro giuridico rivolto alla cooperazione internazionale con il quale si creano le condizioni per una durevole relazione bilaterale."[127] Le prime sanzioni internazionali contro la Russia sono di origine statunitense approvate per la prima volta il 06.02.2014. Lo strumento adottato dagli USA per regolamentare la materia sono gli "Executive Order". Gli USA iniziano con l'approvazione dell'Executive Order n° 1360. "Il Presidente statunitense ha dichiarato lo stato di emergenza nazionale a seguito della attuazione international Emergency Economic Powers Act (50 USC.1701/1706), al fine di affrontare la minaccia straordinaria alla sicurezza nazionale e alla politica estera degli Stati Uniti d'America."[128] L'America ritiene che l'azione dello Stato russo verso la vicina Ucraina è un reale attacco alla integrità dello Stato ucraino. La verità è che la Russia già negli anni 2013-2014 è rimasta sorpresa dalle manifestazioni a Kiev contro il Governo filorusso dell'ex Presidente Viktor Yanukovich. Decisive sono state le manifestazioni a "ciclo continuo" nella principale piazza di Kiev ovvero la Piazza Majdan. Le

---

[127] Matteo Fulgenzi. La guerra delle sanzioni. L'Unione Europea e la Federazione Russa nell'era dell'interdipendenza economica globale - 2021 (PU) - Il Cerchio - Iniziative editoriali. p. 66
[128] Matteo Fulgenzi. La guerra delle sanzioni. L'Unione Europea e la Federazione Russa nell'era dell'interdipendenza economica globale - 2021 (PU) - Il Cerchio - Iniziative editoriali. p. 68

manifestazioni di piazza possono essere ritenute di alta intensità e si sono svolte dal 18 al 23 febbraio 2014. Le proteste si scatenarono contro le leggi anti protesta del Governo e nella capitale scesero in piazza ben 200.000 persone. L'esito finale degli scontri portò al ritiro pressoché immediato delle stesse con le successive dimissioni del primo ministro. Si comprende immediatamente che il popolo ucraino ha coltivato un proprio senso patriottico antagonista alle aspettative di conquista da parte di Mosca. Un senso patriottico inaspettato che, come capita spesso nella storia dell'umanità, rappresenta la forza della identità e di appartenenza ad un progetto che va ben oltre alle singole generazioni. Quello che capita all'Ucraina è decisamente più marcato nella Federazione Russa. In particolare nelle steppe e lande più isolate della Nazione. Il sogno incarnato dall'ex zarismo è ancora vivo nella civiltà russa. Se vogliamo essere coerenti si deve riconoscere che il grande consenso verso il Presidente Putin giace ed è vivo in queste ampie fette di popolazione, disponibili, ancora oggi, a soffrire e sacrificarsi per la Patria anche con il sangue. La logica dei russi non è personalistica ma bensì nazionalistica: *"Prima la Patria ... poi noi; singoli individui"* Come è stato già affermato in precedenza, il patrimonio culturale russo viene da lontano. Per comprenderlo è necessario fare un salto all'indietro di qualche secolo. (Rus di Kiev o terra di Rus). I riferimenti culturali sono sicuramente antecedenti alla Rivoluzione d'ottobre del 1917. Il mio obiettivo reale è di cercare di inserire l'analisi sullo strumento sanzionatorio nel contesto sia storico che geopolitico. In definitiva per arrivare ad una conclusione oggettiva ed imparziale, tenendo sempre in conto che ogni parte presa in causa ha legittime ragioni da esprimere e difendere. Ritengo che lo stesso contesto internazionale e la storia condizionino non poco le varie decisioni che vengono assunte in ambito internazionale. Le sanzioni sono solamente una parte della storia se non una chiara conseguenza di essa. Solo la comprensione di questo aspetto fondamentale potrebbe risultare come un viatico per il ritorno del dialogo tra le parti, costruendo un nuovo percorso di mediazione con una equilibrata azione politica. In riferimento alla crisi ucraina, come già visto, ebbe inizio nel 2014. La Casa Bianca ha esteso le proprie restrizioni approvando i seguenti provvedimenti: Executive Order 1361 (16.03.2014) Executive Order 1362 (20.03.2014). Tutto ciò è avvenuto al seguito dell'occupazione russa della Crimea. Tali restrizioni sono volte a colpire meccanismi riconducibili alle persone fisiche e giuridiche della Federazione Russa e della Crimea considerate particolarmente coinvolte negli eventi accaduti verso la Nazione ucraina. In data 16.07.2014 gli USA rafforzarono la capacità restrittiva dell'Executive Order n 1362.[129] Queste misure si basano su un profilo collegato alla concessione di nuove linee di credito per persone fisiche e giuridiche coinvolte nelle vicende sopra citate. In definitiva, si colpiscono le persone e le imprese su tutto ciò che riguarda le transazioni bancarie, ad eccezione di quelle ritenute a

---

[129] Matteo Fulgenzi. La guerra delle sanzioni. L'Unione Europea e la Federazione Russa nell'era dell'interdipendenza economica globale - 2021 (PU) - Il Cerchio - Iniziative editoriali. p. 70

breve termine. Le restrizioni 1361 e 1362 riguardano anche il settore dell'energia e degli idrocarburi. Sorprendente è la restrizione riguardante la ricerca e lo studio su nuovi giacimenti di petrolio nelle acque profonde oltre i 150 metri nel Mar Glaciale Artico.[130] La coordinazione sui provvedimenti sanzionatori tra USA ed UE diventa sempre più fitta anche grazie al supporto della Moldova e di altre Repubbliche ex sovietiche. Con i conflitti russo-ucraini, antecedenti al 2022, l'America attua la forma sanzionatoria extraterritoriale in modalità definita. Bisogna evidenziare che le sanzioni territoriali USA furono applicate per la prima volta contro l'URSS già nel 1981. Le sanzioni internazionali devono rientrare in una logica equipollente nel senso che non sempre possono essere compatibili con il diritto internazionale. Questo significa che le regole della stessa disciplina prevedono la tutela dell'integrità degli Stati sia in termini economici che di una propria autonomia interna. Per quanto concerne le ingerenze di alcune nazioni verso altre possono essere ritenute come una violazione diretta al diritto internazionale. Molto contano le motivazioni per le quali viene deciso di adottare uno strumento così aggressivo nei confronti di una nazione.[131] Le ragioni dovrebbero essere molto gravi come, per esempio, la violazione dei diritti umani, oppure la violazione dell'integralità di un altro Stato. Su questa base le

---

[130] Matteo Fulgenzi. La guerra delle sanzioni. L'Unione Europea e la Federazione Russa nell'era dell'interdipendenza economica globale - 2021 (PU) - Il Cerchio - Iniziative editoriali. p. 73

[131] Matteo Fulgenzi. La guerra delle sanzioni. L'Unione Europea e la Federazione Russa nell'era dell'interdipendenza economica globale - 2021 (PU) - Il Cerchio - Iniziative editoriali. p. 84

sanzioni alla Federazione Russa potrebbero essere ritenute idonee proprio per la violazione da parte russa della integrità dello Stato ucraino. Aggiungo che, in merito agli studi che sto svolgendo, ho anche compreso che l'Occidente ha commesso alcuni errori di mediazione con la Russia portando ad un graduale aumento delle tensioni, assumendo posizioni abbastanza drastiche e non proprio conformi con le linee guida del diritto internazionale. Il 06.04.2018 gli Stati Uniti d'America hanno introdotto sanzioni alla Russia senza ottenere né ricercare una coordinazione con l'Unione Europea. Tali sanzioni colpirono in modo diretto sette oligarchi che però non avevano alcun legame con i fatti ucraini. Inoltre sanzionarono imprese pubbliche russe importanti, tra le quali il colosso del Gas Gazprom. Colpirono, infatti, il principale magnate dello stesso Alexej Miller. La decisione statunitense di sanzionare Gazprom è contrastante con quelle dell'UE che all'epoca per ragioni economiche e strategiche riteneva opportuno evitare restrizioni sul comparto energetico con particolare riguardo al Gas naturale. Infatti, si deve evidenziare che diverse economie europee, come l'Italia e la Germania, hanno beneficiato, a livello di sistema produttivo, degli approvvigionamenti di Gas a costi favorevoli. I pacchetti sanzionatori del 2018 prodotti dagli Usa colpirono in modo diretto anche l'oligarca Oleg Deripaska proprietario d'importanti imprese nel settore dell'alluminio ed in particolare la società Russal, di sua proprietà quale azienda fondamentale per la produzione dei materiali sopracitati. Le sue aziende vennero fortemente colpite comportando danni ingenti e da tale analisi si deduce che le iniziative USA sono azioni politiche contro la Russia. Non sono azioni compatibili con le regole del diritto internazionale come dichiarato, in più occasioni, da Matteo Fulgenzi. Viceversa ne violano i diritti fondamentali. Vennero infatti bloccate tutte le forme di transazione bancaria dei sanzionati verso l'America. L'aspetto che sorprende è che tali sanzioni non hanno diretta correlazione con i fatti accaduti nel Donbass ed in Crimea. La loro derivazione risulta ideologica e politica con prese di posizione nette contro Mosca. Le sanzioni inflitte dagli USA agli oligarchi vengono incasellate nella categoria delle sanzioni individuali.[132] Sta di fatto che, con l'introduzione delle sanzioni internazionali, gli USA decidono di dichiarare guerra alla Russia comportando seri problemi alla stessa economia europea e mettendo in difficoltà mediatica diversi ed importanti paesi europei come l'Italia, la Francia ed in particolare la Germania. Queste nuove sanzioni, nel 2018, da parte degli USA trovano la vera motivazione in un timore di natura prettamente economica. Gli Stati Uniti d'America vivono l'ipotetico sdoppiamento del gasdotto Stream II° come un reale rischio di un fallimento degli accordi tra Bruxelles e Washinton sulle forniture ai paesi europei del gas naturale liquefatto americano. Con queste annotazioni e osservazioni si riscontrano ulteriori elementi per motivare l'attuale conflitto in Ucraina. È evidente che la continuità territoriale dell'Europa verso Vladivostok è quasi una ovvietà.

---

[132] Matteo Fulgenzi. La guerra delle sanzioni. L'Unione Europea e la Federazione Russa nell'era dell'interdipendenza economica globale - 2021 (PU) - Il Cerchio - Iniziative editoriali. p. 91

Cosa che con gli USA non può esserci per ragioni ambientali, ovvero la presenza dell'Oceano Atlantico. L'Oceano è un reale ostacolo ad un regolare interscambio commerciale tra gli USA e l'Europa per il trasporto via mare del gas liquefatto. La posizione, in merito alle decisioni internazionali, da parte russa è legata alla centralità dell'ONU. Secondo Mosca, solamente l'organizzazione sopra citata ha il potere concreto di imporre regole nuove alle nazioni. Anche le sanzioni politico-economiche e gli embarghi devono essere approvati dalla stessa organizzazione internazionale. Questo ragionamento può essere ritenuto congruo tenendo conto che il diritto internazionale ritiene le ingerenze di alcuni Stati su altri una attività illegale. Ad ogni modo bisogna rilevare che tra le regole interne dell'ONU esiste la possibilità di imporre il diritto di veto e le conseguenti azioni che, se applicate, solitamente blocca i processi. La Russia rientra nella lista delle nazioni in grado d'imporre la procedura prevista creando lo stallo al documento ONU che dovrebbe venire approvato. Quest'ultimo aspetto può essere ritenuto una garanzia o viceversa un ostacolo alla realizzazione di progetti positivi in termini d'integrazione. La Russia ritiene che solamente l'ONU può stabilire, con proprie direttive, se le decisioni prese sono congrue rispetto alle regole riferibili al diritto internazionale, oppure no. Già nel 1965 l'assemblea generale delle Nazioni Unite ha rimarcato l'inammissibilità della ingerenza negli affari interni dei singoli Stati considerando la loro indipendenza come un qualcosa di non sindacabile.[133] Per queste ragioni, secondo il Cremlino le diverse sanzioni economiche imposte alla Federazione Russa vanno in netto contrasto con le fondamenta del diritto internazionale e con i principi scaturiti dopo la conclusione del secondo conflitto mondiale. Quindi si sottolinea che le sanzioni approvate contro la Federazione Russa, al seguito della occupazione della Crimea, possono essere definite illegali perché in netto contrasto con l'Art. 33 della carta dell'ONU.[134] Da ciò si può dedurre che qualora una nazione decidesse di sanzionare un altro Stato, senza mandato dell'ONU, violerebbe le regole di base previste dal diritto internazionale. Se le sanzioni sono condivise dalla stessa organizzazione delle Nazioni Unite diventano a loro volta azioni legittime. Ciò che viene ritenuto illegale è nei fatti l'atteggiamento unilaterale, ovvero non si possono assumere decisioni restrittive senza una chiara ed ampia condivisione sulle scelte nel merito tra i paesi. *Le parti in contrasto, la cui continuazione sia suscettibile di mettere in pericolo il mantenimento della pace e della sicurezza internazionale, devono anzitutto perseguirne una soluzione mediante negoziati, inchieste, mediazioni, conciliazioni, arbitrati, regolamenti giudiziali, ricorsi ad organizzazioni ad accordi regionali, od altri mezzi pacifici a loro scelta. Il Consiglio di Sicurezza, ove lo ritenga necessario, invita le parti a*

---

[133] Matteo Fulgenzi. La guerra delle sanzioni. L'Unione Europea e la Federazione Russa nell'era dell'interdipendenza economica globale - 2021 (PU) - Il Cerchio - Iniziative editoriali. p. 144

[134] Matteo Fulgenzi. La guerra delle sanzioni. L'Unione Europea e la Federazione Russa nell'era dell'interdipendenza economica globale - 2021 (PU) - Il Cerchio - Iniziative editoriali. p. 144

regolare la loro controversia mediante tali mezzi."[135] Il Consiglio di sicurezza fa intendere che è auspicabile evitare l'aumento progressivo dello scontro politico ed ideologico in grado di destabilizzare la pace tra i popoli e le nazioni. Attraverso il testo scritto da Matteo Fulgenzi intitolato: "La Guerra delle Sanzioni; Il Cerchio Iniziative Editoriali" da pag. 147 a pag. 155 viene analizzato il contesto che si è venuto a creare già nel 2014 nella Repubblica della Crimea "area indipendente" che, in modalità pacifica, ha deciso di effettuare la secessione dall'Ucraina per aderire come nuova Repubblica indipendente alla Federazione Russa. Dal testo si comprende che la Repubblica della Crimea ha sottoscritto un trattato bilaterale con la Federazione Russa, per arrivare alla annessione in maniera definitiva. Il trattato è ritenuto conforme agli standard previsti dal diritto internazionale. Il trattato è dunque legittimo, ma in netto contrasto con il Governo di Kiev nonché dei movimenti nazionalisti ucraini. È evidente, a questo punto, che i referendum per l'annessione sono semplicemente l'ufficializzazione di un percorso già concluso e definito. Secondo la Russia questi elementi servono ad evitare di pretendere l'azzeramento del processo di annessione ormai definitiva come dato acquisito che, se rimesso in discussione dalla comunità internazionale, creerebbe le condizioni reali per un attacco di natura nucleare da parte del fronte russo. Le sanzioni più serie, prima del 2022, alla Federazione Russa da parte statunitense ed europea si sono realizzate proprio a seguito della secessione

---

[135] Art.n°33 dell'ONU.

dall'Ucraina da parte della Penisola della Crimea. A livello di trattati ed accordi internazionali, come già affermato, risulterebbe tutto regolare ed idoneo con caratteristiche conformi alle regole condivise in ambito internazionale. Infatti nessuno Stato può bloccare il desiderio di un popolo sovrano nelle decisioni sia interne che esterne. A tale proposito si riporta quanto segue: *"Le autorità della Penisola quindi, hanno dichiarato l'indipendenza della Crimea l'11.03.2014 disconoscendo la costituzione ucraina del 1996 ed indicendo un referendum sulla adesione alla Federazione Russa nel termine di cinque giorni. Già il 01.03.2014 l'ormai de facto ex Presidente Yanukovich fece un appello nel merito a Vladimir Putin."*[136] In realtà non è possibile avere certezze, la Russia è ovviamente di parte ma la richiesta di aiuto a Vladimir Putin dal leader della autoproclamata Repubblica di Crimea, chiedendo maggiore protezione e sostegno militare, è un dato certo che testimonia la volontà del popolo crimeiano di ritornare a far parte della vecchia madre Patria. Si deduce, quindi, che sia la Crimea che Sebastopoli risultino aree filo russe contro l'aggressività delle forze nazionaliste ucraine. Venne dunque richiesto, a seguito dei referendum per l'indipendenza, l'invio di forze militari russe nella penisola per garantire la sicurezza e l'ordine pubblico. A questo punto ritengo doveroso analizzare, quanto meno in termini esemplificativi, i primi otto pacchetti di sanzioni[137]

---

[136] Matteo Fulgenzi. La guerra delle sanzioni. L'Unione Europea e la Federazione Russa nell'era dell'interdipendenza economica globale - 2021 (PU) - Il Cerchio - Iniziative editoriali. p. 149
[137] GeoTrade; n°04 Agosto 2022

che l'UE ha ritenuto opportuno applicare a Mosca in coordinazione con gli USA a seguito dell'invasione dell'Ucraina nel 2022. Le restrizioni riguardano diversi ambiti e settori merceologici che ritengo corretto affrontare e per quanto mi è possibile riassumere per la realizzazione di una sintesi comprensibile in riferimento ai fatti avvenuti a livello normativo, tenendo quest'ultimi come esempi validi per la comprensione della realtà commerciale tra l'Occidente e la Federazione Russa.

Il I° pacchetto sanzionatorio[138] della UE nel 2022 disciplina la materia attraverso i regolamenti qui a seguire: Reg. UE. 2022/260; Reg. UE. 2022/261; Reg. UE. 2022/262; Reg. UE. 2022/263. Il pacchetto è stato approvato dalla UE il 23.02.2022, in risposta ai provvedimenti statunitensi approvati in data 21 e 22 febbraio 2022 attraverso l'Executive Order n°14065[139] direttiva dell'OFAC (*OFAC: Office of Foreign Asset Control).* Gli Usa in data 24.02.2022 approvano ulteriori provvedimenti restrittivi. Come noto, la data segna l'inizio della guerra tra la Federazione Russa e l'Ucraina. Ai sensi dell'Executive Order n° 14038,[140] si provvede a colpire persone, banche, industrie Bielorusse e comunque dagli USA viene regolamentato quanto segue: in sintesi si colpiscono un elenco delle banche Bellinvest Bank e Bank Dabrabyt; elenco di industrie del settore della difesa e di sicurezza. Tra il 25 e il 28 febbraio 2022 anche la UE

---

[138] GeoTride n°04/2022, p. 51
[139] GeoTride n°04/2022, p. 51
[140] GeoTride n°04/2022, p. 52

approva il II° pacchetto sanzionatorio[141] alla Federazione Russa. I regolamenti approvati sono dunque i seguenti: Reg UE. 2022/328; Reg. UE. 2022/332; Reg. UE. 2022/334; I regolamenti vertono su restrizioni riferite ai seguenti ambiti: divieto di esportare beni e tecnologie a duplice uso; ì beni e tecnologie utili al rafforzamento militare, tecnologico, della difesa e della sicurezza della Russia, beni per la raffinazione del petrolio e per l'aviazione e l'industria spaziale, divieto di effettuare operazioni di natura bancaria con la Banca Centrale Russa, divieto di atterraggio e decollo e sorvolo in UE da parte di aeromobili russi, elenco di soggetti fra i quali Vladimir Putin. In data 28.02.2022 gli Usa approvano la direttiva n° 4 dell'OFAC che prevede l'eliminazione di qualsiasi possibilità di effettuare transazioni dove sia direttamente coinvolta la Banca Centrale Russa. In data 02. 03. 2022 l'UE approva il regolamento UE 2022/355[142] che, come possiamo immaginare, aggiunge ulteriori restrizioni al II° pacchetto sanzionatorio approvato tra il 25 e il 28 febbraio 2022. Nello specifico vengono approvati i regolamenti dalla UE che riguardano quanto definito a seguire: divieto di esportare beni e tecnologie a duplice uso in Bielorussia, divieto di esportare beni e tecnologie per il rafforzamento militare e tecnologico o allo sviluppo del settore della difesa e della sicurezza della Bielorussia. Inoltre viene aggiunto il divieto di importazione di prodotti petroliferi e idrocarburi gassosi bielorussi, divieto di fornire

---

[141] GeoTride n°04/2022, p. 53
[142] GeoTride n°04/2022, p. 53

assistenza tecnica e finanziaria per i prodotti utilizzati per la produzione o fabbricazione di prodotti derivanti dal tabacco e dal cloruro di potassio, divieto di importazione di prodotti legnosi, cementizi, siderurgici e della gomma di provenienza bielorussa, divieto di esportazione di macchinari di varia natura di provenienza o fabbricazione bielorussa. Il III° pacchetto sanzionatorio[143] è regolamentato dai seguenti regolamenti UE: Reg. UE. 2022/345; Reg. UE. 2022/350; e prevedono quanto segue, esclusione di sette banche russe dal sistema di messaggistica finanziaria SWIFT, divieto di investire in progetti cofinanziati dal fondo russo per gli investimenti diretti, divieto di trasferire banconote di euro in Russia, divieto di radiodiffusione per Russia Today e Sputnick. Il pacchetto viene approvato dalla UE in data 02.03.2022. A seguire, vi sarà in data 08.03.2022, una nuova presa di posizione da parte statunitense con il varo dell'Executive Order n° 14066.[144] Le sanzioni prevedono il blocco d'importazione di gas naturale liquefatto, petrolio e carbone russo ed il divieto di investimenti nel settore dell'energia russa. Il III° pacchetto sanzionatorio[145] comprende anche i provvedimenti UE approvati il 09.03.2022 qui di seguito elencati: Reg. UE. 2022/394; Reg. UE. 2022/396; Reg. UE. 2022/398; questi provvedimenti dell'Ue prevedono restrizioni per quattordici oligarchi ed imprenditori russi oltre a 146 membri del Consiglio della Federazione Russa, esclusione dal sistema di messaggistica

---

[143] GeoTride n°04/2022, p. 54
[144] GeoTride n°04/2022, p. 54
[145] GeoTride n°04/2022, p. 54

finanziaria SWIFT degli istituti bancari Belag Roprombank, Bank Dabrabyt e Developmentbank della Repubblica Bielorussa comprese tutte le filiali degli istituti di credito sopra citati, divieto di transazioni bancarie con la Banca Centrale Bielorussa, divieto di depositi bancari UE superiori a 100.000 euro da parte di cittadini residenti in Bielorussia, divieto di fornitura di banconote europee alla Repubblica Bielorussa. In data 11.03.2022 gli USA, attraverso il nuovo provvedimento Executive Order n° 14068[146] si rendono esecutive nuove sanzioni: divieto d'import di alcuni prodotti di origine russa come pesce, bevande alcoliche e diamanti non ad uso industriale, divieto di export di beni di lusso verso la Federazione Russa, divieto d'importazione ed esportazione di dollari verso la Russia. Per quanto concerne l'UE in data 15.03.2022 viene approvato il IV° pacchetto sanzionatorio[147] regolamentato da due nuovi regolamenti: Reg. UE. 2022/427; Reg. UE. 2033/428. Si riassumono i contenuti del pacchetto sanzionatorio esplicato a seguire: divieto di esportare beni di lusso in Russia, divieto d'importazione di prodotti siderurgici soggetti a misure di salvaguardia, divieto di qualsiasi transizione con alcune imprese statali russe in diversi settori, divieto di nuovi investimenti nel settore energetico russo, divieto di prestazione di servizi di rating, sanzioni verso altre quindici persone e nove nuove entità. Ulteriori provvedimenti sono stati approvati dagli USA in data 06.04.2022, deliberando

---

[146] GeoTride n°04/2022, p. 55
[147] GeoTride n°04/2022, p. 55

l'Executive Order n° 14071[148] a seguito dell'Executive Order n°14024 collegato al Final Rice 2022-07937 del Bis ai sensi dell'EAR. Tali provvedimenti USA prevedono le seguenti forme sanzionatorie in riferimento e nel particolare al divieto d'import di alcuni prodotti di origine russa tra le quali: pesce, bevande alcoliche diamanti non ad uso industriale, divieto di export riguardanti beni di lusso verso la Russia, divieto di nuovi investimenti in settori dell'economia russa; divieto di esportazione o riesportazione di banconote in dollari verso la FR. Il V° pacchetto sanzionatorio[149] UE viene approvato in data 08.04.2022 l'UE approva quanto a seguire è regolamentato dalle norme qui indicate: Reg. UE. 2022/576; Reg. UE. 2022/577; Reg. UE. 2022/580. I regolamenti citati prevedono le seguenti nuove restrizioni qui a seguire citate: divieto di accesso ai porti UE di navi battenti la bandiera russa, divieto a qualsiasi impresa di trasporto su strada russa di trasportare merci all'interno di paesi dell'UE, divieto di vendita, fornitura, trasferimento, esportazione di beni che possano contribuire allo sviluppo delle capacità industriali della Russia, estensione del divieto di vendita, fornitura, trasferimento, esportazione di beni tecnologici avanzati, beni destinati alla raffinazione del petrolio e alla liquefazione del gas naturale e beni di lusso, divieto di vendita, fornitura, trasferimento di carburanti aereonautici ed additivi, divieto di acquistare, importare o trasferire carbone e altri combustibili fossili, divieto all'importazione di prodotti come

---

[148] GeoTride n°04/2022, p. 55
[149] GeoTride n°04/2022, p. 56

legno, cemento, fertilizzanti, frutti di mare, estensione del divieto d'importazione, acquisto e trasporto di prodotti siderurgici, divieto totale di transazione a quattro banche russe con congelamento degli asset, divieto di partecipazione delle imprese russe agli appalti pubblici negli stati membri UE ed esclusione di sostegni finanziari ad enti pubblici russi, divieto di depositi su criptovalute e di vendita di banconote e valori mobiliari denominati in qualsiasi valuta ufficiale degli Stati membri UE alla Russia, sanzioni verso società che hanno avuto un ruolo nell'invasione, nonché oligarchi e uomini d'affari, alti funzionari del Cremlino, fautori della disinformazione e della manipolazione delle informazioni, familiari di individui già sanzionati, divieto di vendere ed esportare banconote in qualsiasi valuta di uno Stato membro dell'UE alla Bielorussia, divieto alle imprese di trasporto Bielorusse di trasportare merci su strade in UE. Il VI° pacchetto sanzionatorio[150] UE è approvato in data 03/06/2022 ed è garantito dai regolamenti e dalle norme qui indicate: Reg. UE 2022/876; Reg.UE.2022/877; Reg. UE.2022/878; Reg.UE.2022/879; Reg. UE. 2022/880. I regolamenti prevedono quanto segue: divieto di acquisto, importazione o trasferimento di petrolio greggio e determinati prodotti petroliferi dalla Russia, esclusione dal sistema di messaggistica SWIFT di Sberbnak, Credit Bank of Moscow, Russian Agricoltural Bank, Belarusian Bank For Development and Reconstruction; ampliamento dei prodotti soggetti a restrizioni utili al rafforzamento militare,

---

[150] GeoTride n° 04/Agosto 2022, p. 56

tecnologico, della difesa e della sicurezza della Russia, sospensione delle trasmissioni in UE per tre organi d'informazione di proprietà dello Stato russo. La collaborazione dell'UE con gli USA è garantita dall'approvazione da parte statunitense in data 28/06/2022 degli Executive Order n° 14024, 14065, 14068,[151] che nel complesso prevedono quanto segue: inserimento di SDN List di settanta unità, molte delle quali fondamentali per la base industriale della difesa russa e 29 individui e il divieto d'importazione di oro russo. Il VII° pacchetto sanzionatorio[152] UE è approvato in data 21/07/2022 e garantito dai regolamenti a seguire: Reg. UE. 2022/1269; Reg. UE. 2022/1270; Reg. UE. 2022/1273; Reg. UE. 2022/1274; Reg. UE.2022/1275. Questi nuovi regolamenti prevedono quanto segue: divieto all'importazione di oro e gioielli in oro, ampliamento dell'elenco dei prodotti soggetti a restrizioni utili al rafforzamento militare, tecnologico, della difesa e della sicurezza della Russia imposizione di misure restrittive di altre 54 persone e 10 entità tra cui la Sberbank, listing di 6 persone e una entità coinvolta nel reclutamento di mercenari siriani per combattere in Ucraina al fianco delle truppe russe, divieto per gli istituti di credito di accettare depositi superiori a 100.000 euro da entità non UE possedute per più del 50% da cittadini russi o persone fisiche residenti in Russia. Ai sensi dell'Executive Order 14024 e ai sensi dell'Immigration and Nationality Act (INA)[153] gli USA

---

[151] GeoTrade n° 04/Agosto 2022, p. 57
[152] GeoTrade n° 04/Agosto 2022, p. 58
[153] GeoTrade n° 04/Agosto 2022, p. 58

in data 02/08/2022 approvano quanto segue: listing di 13 individui (oligarchi e/o appartenenti all'élite russa) e 36 entità in particolare nei settori della difesa, alte tecnologie ed elettronica oltre a rinnovate restrizioni sui visti per 893 funzionari russi. Inoltre sempre ai sensi dell'executive Order n. 14024[154] approvato il 30/09/2022 gli USA deliberano quanto segue: listing di 11 entità e 285 individui e 278 membri della classe politica russa, listing di 57 entità russe per attività collegate all'acquisto o al tentato acquisto di materiali di origine statunitense per uso militare e per lo sviluppo di tecnologie cyber. *Contemporaneamente, sempre in data 30/09/2022,[155] Vladimir Putin firma i trattati di annessione a Mosca delle autoproclamate repubbliche di Donetsk e Lugansk e delle regioni di Kherson e Zaporizhia a seguito dei referendum indetti in tali territori dai russi.* L'VIII° pacchetto sanzionatorio UE[156] viene approvato in data 06/10/2022 attivando i regolamenti di seguito citati: Reg. UE.2022/19003; Reg. UE.2022/1904; Reg. UE.2022/1905; Reg. UE 2022/1906. I regolamenti prevedono restrizioni negli ambiti resi qui noti: divieto d'importazione di prodotti dalla Russia come siderurgici, cellulosa di legno e carta, sigarette, plastica e cosmetici, pietre e metalli preziosi, gioielli non in oro, macchinari ed elettrodomestici, veicoli, materiali tessili, calzature, cuoio, ceramica, alcuni settori di prodotti catalogati come chimici. Estensione dell'elenco di prodotti soggetti alle restrizioni

---

[154] GeoTrade n° 04/Agosto 2022, p. 59
[155] GeoTrade n° 04/Agosto 2022, p. 59
[156] GeoTrade n° 04/Agosto 2022, p. 59

dell'export che possono contribuire al potenziamento militare e tecnologico della Russia e allo sviluppo del proprio settore della difesa e della sicurezza. Listing di 30 individui e 7 entità e introduzione di un nuovo criterio di "listing" per sanzionare i soggetti che facilitano l'elusione delle sanzioni. Si aggiungono restrizioni sull'erogazione di servizi quali architettura e ingegneria consulenza informatica e legale, Price cap relativo al trasporto marittimo di petrolio russo e servizi correlati a paesi terzi. Estensione alle regioni di Zaporizhzhia e Kherson delle restrizioni previste per le regioni di Donec'k e Luhans'k.

Il paragrafo può essere ritenuto una sintesi attendibile per quanto avvenuto, in termini sanzionatori, alla Federazione Russa dallo scoppio della guerra in Ucraina a partire dal 24.02.2022 fino ad ottobre dello stesso anno in termini riferibili alla guerra economica ancora in corso oltre ai fatti di guerra localizzata avvenuti nel Donbass dal 2014. Un ulteriore elemento che si somma e attesta la progressione dell'inasprimento delle relazioni internazionali tra paesi su un piano ritenuto globale. Questa prima parte del contesto sanzionatorio ci fa comprendere che i paesi occidentali non hanno nei fatti nessuna intenzione di mantenere rapporti di equilibrio con Mosca. Utilizzando il territorio ucraino per regolamentare, molto probabilmente, elementi che vanno molto al di là degli interessi locali che possono riguardare la Federazione Russa e le Regioni separatiste del Donbass. Questa ricerca di approfondimento è infatti mirata, come esplicato in precedenza, ai primi otto pacchetti sanzionatori approvati dall'UE nello stesso periodo in sintonia con i provvedimenti Executive Order approvati dagli USA in sede politica. La guerra sta certamente assumendo la forma di un conflitto di natura economica, composta da sanzioni e contro sanzioni. Le sanzioni occidentali sono state approvate sotto diverse forme e metodi dall'Occidente (paesi Nato) verso la Federazione Russa. Le contro sanzioni sono la logica risposta, da parte russa, in riferimento a quanto è stato analizzato pocanzi. Secondo un articolo comparso sul Corriere della Sera del 03.05.2022, firmato da Diana Cavalcoli, si evidenziano le nuove regole restrittive approvate dal Cremlino attraverso decreti mirati e firmati in prima persona dal Presidente Russo. L'ultimo decreto, prima del 03.05.2022 prevedeva: nuove misure di restrizione contro le azioni ostili di alcuni Stati stranieri ed organizzazioni internazionali e nel particolare viene vietata la possibilità di effettuare transazioni bancarie, viene altresì vietata la possibilità di concludere accordi con individui stranieri ed entità giuridiche sottoposte alle misure restrittive."[157] Inoltre si menziona quanto segue: diventa vigente il divieto di esportare materie prime e prodotti dalla Russia nell'interesse degli individui tenuti nell'elenco delle persone segnalate al Cremlino, vengono effettuate restrizioni e maggiori controlli sui rilasci dei visti a tutti coloro che da UE e USA volessero svolgere trasferimenti, anche parziali, verso la stessa Federazione Russa. Mosca ritiene un atto dovuto rispondere

---

[157] Diana Cavalcoli. Art. del 03.05.2022. Corriere della Sera

all'Occidente con l'approvazione di decreti sanzionatori mirati che limitino l'interscambio commerciale e finanziario tra paesi ed imprese. In tale contesto sono coinvolti in prima persona anche tutti gli individui che potrebbero trarre vantaggi e benefici dal rapporto diretto con la Federazione Russa. La scelta risulta quasi scontata vista l'aggressiva politica restrittiva attuata dall'Unione Europea e dagli Stati Uniti d'America verso la Russia. Le contro sanzioni si sono concretizzate quasi in contemporaneità con l'approvazione delle sanzioni occidentali del 2022. Un articolo apparso sul Manifesto, circa un anno e mezzo fa, affermava che la filiale tedesca di Gazprom ha sofferto, in termini occupazionali, per la riduzione delle transazioni del gas russo verso la Germania. Una riduzione che all'epoca corrispondeva ad una limitazione di circa il 3%. Un valore sicuramente esiguo ma sufficiente per destabilizzare equilibri consolidati. Si sottolinea che la crescita economica tedesca è strettamente correlata al costo vantaggioso del gas russo. In riferimento alla politica internazionale sull'Ucraina è noto l'accordo sottoscritto e denominato Memorandum di Budapest. Il Budapest Memorandum citava infatti che a fronte di una non militarizzazione nucleare dell'Ucraina doveva essere corrisposta l'integrità statuale in riferimento ai confini delineati con lo scioglimento dell'Unione Sovietica.[158] Tuttavia i russi riferivano che le ingerenze su Kiev, da parte occidentale, non potevano essere accettate. Mosca crede che

---

[158] Matteo Fulgenzi; La guerra delle sanzioni. L'Unione Europea e la Federazione Russa nell'era dell'interdipendenza economica globale - 2021 (PU) - Il Cerchio - Iniziative editoriali. p. 155

sia le forme di protesta a Kiev, sia la stessa defenestrazione dell'ex Presidente filo russo Yanukovich, siano conseguenti ad elementi d'influsso occidentale. In sostanza, si presume che gli USA abbiano agito nel fomentare le folle per destabilizzare l'Ucraina rafforzando tutti quei movimenti occidentalisti che guardano con favore all'ingresso nella NATO e nella stessa Unione Europea da parte del paese Ex Sovietico.

Conclusioni

L'atteggiamento unilaterale dell'Occidente ha l'intenzione di isolare, con forza sempre maggiore, la Russia dal mercato comune europeo e statunitense. Risulta sempre più verosimile che a guerra finita ci ritroveremo con una economia costituita da nuovi blocchi con fonti d'interesse contrapposti con una probabile conclusione dell'epoca globalistica. L'ispirazione USA di primazia planetaria risulterà impossibile da raggiungere, come risulterà difficile il raggiungimento della primazia da parte dell'area cinese e indiana. Risulta, viceversa, più verosimile la politica ipotizzata nella rivista di geopolitica Limes, in riferimento al concetto dello Friend Shoring, come possibile convergenza futura in termini economici e commerciali strutturando una economia tra paesi compatibili politicamente e culturalmente. A seguito di queste osservazioni si può dunque dedurre che parte degli obiettivi russi saranno sicuramente raggiunti. Ovvero il nuovo ordine mondiale risulterà sicuramente diverso da quanto poteva essere immaginato da americani ed europei prima dello scoppio del conflitto nel 2022; con l'auspicio reale che nessuna delle principali potenze mondiali non superi quel confine ideale per evitare una possibile guerra nucleare. Si auspica che vengano messi a disposizione gli strumenti della politica e dall'arte della mediazione e del compromesso politico-istituzionale. Solamente con queste misure geopolitiche possiamo sperare in un nuovo processo globale con prospettive di pace e rispetto reciproco. Questo sarà reso possibile solamente se tutte le potenze in gioco decidano di fare un passo indietro per ottenere una mediazione possibile. L'Ucraina dovrebbe diventare uno Stato ponte tra Occidente e Russia, gli USA dovrebbero rinunciare a colonizzare in via definitiva l'Ucraina attraverso le forze dell'NATO. L'auspicio è che diventi e resti uno Stato cuscinetto recependo il prima possibile le lezioni dell'Iraq e della Libia. l'Ucraina, deve altresì rinunciare alla Crimea in termini definitivi. Una annessione, che i paesi occidentali non hanno mai recepito come legittima ma per la Russia è una Regione di importanza rilevante oltre che strategica. Come lo è nello scacchiere mondiale per Stati Uniti d'America ed Unione Europea. Lo stesso Lucio Caracciolo, direttore di Limes, si è speso in questa direzione affermando che si sono avviati i negoziati tra ucraini e russi, pare nel 2023, proprio a riguardo alla penisola del Mar Nero, sulla quale sembra siano volate parole pesanti da parte dei delegati russi, minacciando l'uso dell'arma nucleare negli incontri segreti e bilaterali tenuti spesso in Svizzera se l'Ucraina non avesse dimostrato maggiore apertura in tal senso. La Cina dal canto suo in parte è legittimata a proseguire la sua corsa globale in termini di crescita economica e commerciale ma, sicuramente, le aspettative su Taiwan avviano uno scontro diretto con gli USA che non possono far altro che accentuare la polarizzazione all'interno del globo, favorendone nel concreto lo scontro totale. La Russia ha la possibile prospettiva di poter assumere il ruolo di mediatore tra Occidente e Oriente ma per attribuirsi tale ruolo dovrebbe rinunciare ai vecchi rancori verso gli occidentali ed in particolare verso gli americani. A fronte di questi auspici, l'Occidente dovrebbe annullare i pacchetti sanzionatori afflitti finora alla Federazione Russa in cambio di una mediazione, effetto ponte, tra i prossimi blocchi geoeconomici e geopolitici che si affacceranno nel mondo del futuro, in riferimento al concetto, come visto in più occasioni, dello Friend Shoring. È Utopia? Sugli equilibri geopolitici appena descritti credo sfortunatamente di dover dare una risposta negativa. In merito alla teoria geoeconomica dello Friend Shoring invece sono molto possibilista. Rappresenterà, quest'ultima una nuova disintegrazione della globalizzazione o quantomeno un nuovo processo d'integrazione tra gruppi d'interesse compatibili tra loro in termini culturali, istituzionali e ovviamente commerciali. Come dire una oligarchia può e potrà dialogare più facilmente con una dittatura meno con un sistema politico democratico. Rimango fortemente convinto che solo attraverso questi mezzi sarà possibile raggiungere una tregua dal conflitto armato in Ucraina evitando ulteriori e pericolose derive militari in particolare in Europa. Anche se, forse, gli USA hanno la necessità di chiudere con questa guerra in tempi rapidi. All'orizzonte vi è Taiwan oltre ad Israele e la guerra con i palestinesi che inevitabilmente infuoca l'area spostando l'asse d'interesse geopolitico in Medio Oriente. I rapporti spigolosi e complessi tra USA e Cina si risolveranno sulle tratte commerciali e marittime nell'Indo Pacifico. Un tema questo che farà certamente molto discutere nei prossimi anni per gli sviluppi rilevanti in funzione degli articolati e plurimi settori d'interesse presenti nel globo. Anche la così chiamata via della seta cambierà nelle tratte strategiche, forse, diversamente da quanto immaginato in origine. Con queste ipotesi ritengo legittimo affermare che queste nuove condizioni non sono altro che la certificazione della presenza di una guerra globale, forse mondiale, con prospettiva multipolare in ambito principalmente economico.

Bibliografia

- Art. n° 33 dell'ONU.

- Brancaccio Emiliano. Democrazia sotto Assedio (Articolo)

- Cartechini Matteo. Storica, National Geographic. Articolo del 09/03/2022

- Caselli Gian Paolo. Limes, La Guerra Grande - 07/2022

- Cavalcoli Diana. Art. del 03.05.2022. Corriere della Sera

- Cristandoro Nicola. Limes, l'Ombra della Bomba - 09/2022

- Editoriale di Limes. Africa contro Occidente - 08/2023

- De Bonis Mauro. Limes, l'Ombra della Bomba - 09/2022

- Di Rienzo Eugenio. Il Conflitto Russo-Ucraino

- Dieter Heribert. Limes, l'Ombra della Bomba - 09/2022

- Fulgenzi Matteo. La guerra delle sanzioni. L'Unione Europea e la Federazione Russa nell'era dell'interdipendenza economica globale - 2021 (PU) - Il Cerchio - Iniziative editoriali.

- GeoTrade. La bomba delle sanzioni - agosto n° 04/2022

- Il Giornale. 20.12.2022; (Articolo)

- Limes. Tutto un altro Mondo - 10/2022

- Limes. Russia o non Russia 06/2023

- Maronta Fabrizio. Limes, n° 1/2023 Le sanzioni tra maschera e volto.

- Morini Mara. La Russia di Putin. Il Mulino - Upm - 2022

- Mussetti Mirko. Limes, 07/2022, Lo schiaccia sassi russo

- Orietta Moscatelli. Limes, n° 11/2023 Il Putin collettivo è forte ma non eterno.

- Pellicciari Igor. 1.,2022. Spie, giuristi, diplomatici... e ora i militari, Chi influenza le decisioni a Mosca. La Russia negli affari globali 20 (3), pp. 30-38. DOI. 10.31278/1810

- Pellicciari Igor. Formiche, 189 - Marzo 2023

- Pellicciari Igor. Il Governo dell'Aiuto, la Russia e l'evoluzione delle politiche degli aiuti e sanzioni.

- Pellicciari Igor. Limes, La Guerra Grande. 07/2022

- Grandangolo Storia. Pericle e la Grecia Classica. Corriere della Sera.

- PROFILI DELL'ABUSO PROFILING. Scienze Forensi Anno n.5, n° 4, dicembre 2014

- Quanto sono utili le sanzioni? L'Italia, la Russia e l'Unione Europea di Francesco Giumelli in collaborazione con la Camera dei Deputati ed il Senato della Repubblica. Parlamento Italiano. (Articolo)

- Quercia Paolo. GeoTrade La bomba delle sanzioni agosto 2022 n° 4

- Sacco Giuseppe. Limes, Il caso Putin; 04/2022

- Valdai Club. 28.10.2022, incontro con i capi di Stato e di Governo non occidentali.